Wagenbachs Taschenbücherei

Gottfried Benn, 1951

Gottfried Benn: *Das Nichts und der Herr am Nebentisch*

50 Gedichte,
mit einer Einleitung und einem
biographischen Essay
von

Joachim Dyck

Verlag Klaus Wagenbach Berlin

L. H. gewidmet

Wagenbachs Taschenbücherei 130

Umschlag: Rainer Groothuis © Foto: Schiller-Nationalmuseum/
Deutsches Literaturarchiv Marbach
Satz und Druck: Druckerei Wagner, Nördlingen
Gesetzt aus der Borgis Excelsior Linotype
Bindung: Augsburger Industriebuchbinderei

ISBN 3 8031 2130 2

Inhalt

Einleitung

FÜR KLAUS MANN war Gottfried Benn der größte deutsche Lyriker in der ersten Hälfte dieses Jahrhunderts, und dabei kannte er die *Statischen Gedichte* nicht einmal, die in den Jahren der inneren Emigration 1935-1945 entstanden und Benns späten Ruhm begründeten. Diese Sammlung »schöner« und »seraphischer« Strophen aber war der ganze Stolz der nachkriegsdeutschen Literaturkritik, die dieser Lyrik der edlen Trauer und klassischen Formvollendung einen ausschließenden Rang zumaß und damit die Wirkung des Gesamtwerkes empfindlich einschnürte: Sie nahm einen Teil für das Ganze, verharmloste Benn zum Rosendichter und bettete ihn als »Klassiker der Moderne« sanft zwischen die Seiten der Lyrikanthologien.

Die Literaturwissenschaft half bei dieser hagiographischen Arbeit kräftig mit. Sie betonte die »Geschlossenheit« des Werkes, glättete alle Widersprüche und konzentrierte ihre Interpretationsanstrengungen ebenfalls auf die *Statischen Gedichte*, weil sie sich am leichtesten einem traditionellen Lyrikverständnis unterordnen und an den Deutschunterricht weitergeben ließen. »Die Einreihung in die Tradition sollte die Qualität des Autors unterstreichen«, von seiner Widerspenstigkeit ablenken und ihn, um den Preis der Vernachlässigung seiner kritischen Potenz, zum strengen »Metaphysiker der Form« machen. Die Mühe hat sich gelohnt: Kaum ein deutscher Oberschüler ist ohne das *Verlorene Ich* und die *Welle der Nacht* davongekommen.

Benn ahnte diese Einvernahme und mißbilligte sie. »Dieser Mann kann nicht bürgerlich frisiert werden« *(2,41)*, sagte er von sich selbst, und: »Ich bin kein gepflegtes Gehirn, das seine Produkte an gekachelte Molkereien abliefert« *(2,43)*. Aber was halfs: Schon zur Drucklegung der »Statischen Gedichte« 1948 verlangte sein Verlag Konzessionen bei der Gedichtauswahl; Benn protestierte: »Sie machen also einen Sanften Heinrich aus dem Ganzen« *(2,111)*. Und auch die Zusammenstellung des Lyrikbandes »Trunkene Flut« 1949 paßte ihm nicht, »weil alle meine radikalen Neigungen darin keine Darstellung finden« *(3,33)*.

Gottfried Benn im Jahre 1918

Bei dieser Bevorzugung der eher widerstandslosen und kulinarischen Strophen ist es geblieben, obwohl Benn gerade nicht die Absicht hatte, sich der »Neo-Romantik, Christentumsrenaissance und Biedermannsjovialität, die jetzt unser literarisches Vaterland wieder durchzieht«, anzuschließen. Er wollte nicht mit den »staatlich sanktionierten Lieferanten von Genesungssubstantiven verwechselt werden« – Carossa, Hesse, R. A. Schröder –, die existentialistische Mode Sartrescher Provenienz hielt er für den »3. Aufguss uns längst bekannter Erledigtheiten« *(2,69)*: Lebenshilfe war von ihm nicht zu erwarten. Und die deutsche Gesellschaft der Nachkriegszeit, deren Entwicklung in die Restauration Benn skeptisch beobachtete, flößte ihm keine Achtung ein:

Und nun die neue Nationalhymne!
Der Text ganz ansprechend, vielleicht etwas marklos,
der nächste Schritt wäre dann
ein Kaninchenfell als Reichsflagge. *(III 473 f.)*

Mit diesem Ton, schnoddrig und sehr konkret, knüpft Benn an die Radikalität seiner frühen expressionistischen Verse an, die nach »Schwefel und Absinth schmecken« *(IV 410)*: Ein Flugblatt von neun Gedichten, das im März 1912 unter dem Titel »Morgue« erschien, machte den Militärarzt über Nacht bekannt.

An Benns Strophen schieden sich damals die Geister. Den Freunden, die sich 1912 um die expressionistischen Zeitschriften »Die Aktion« und »Der Sturm« scharten, waren sie ein genialer Wurf, hinter dessen Bildern sich ein »starkes mitleidendes Gefühl und eine verzweifelte Auflehnung gegen die Tragik des Lebens und die ungeheure Gefühllosigkeit der

Natur verbarg« (Ernst Stadler). Dem Bildungsbürgertum, das sich dem Tod am liebsten in Form einer schönen Leichenpredigt oder eines monumentalen Grabsteins nähert und die Wirklichkeit den Ärzten überläßt, waren diese lyrischen Stenogramme aus Krebsbaracke und Leichenschauhaus ein Stein des Anstoßes. Es wollte sich den getrübten Blick auf das Schöne, Gute und Wahre nicht durch Gedichte aufhellen lassen, die sogar vor dem Kreißsaal nicht Halt machten, in dem die ärmsten Frauen Berlins nach neun Monaten die Frucht der Lust schließlich ans Licht preßten und ihre Kinderschar um einen Esser vermehrten:

Schließlich kommt es: bläulich und klein.
Urin und Stuhlgang salben es ein.

Solch unverschmuste Zeilen wollen das Häßliche, aber Wahre nicht unter Veilchen und Buchsbaum begraben. »Pfui Teufel«, zeterte deswegen die »Augsburger Abendzeitung« 1912, »welch zügellose, von jeglicher Herrschaft geistiger Sauberkeit bare Phantasie entblößt sich da«. Und der Literaturkritiker der Zeitschrift »Janus« sah es nicht als seine Sache an, »über die Perversität dieser Gedichte zu schreiben«.

In die gleiche Kerbe schlägt fünfundzwanzig Jahre später die SS-Zeitschrift »Das schwarze Korps«: Benn sei der Nachfolger jener, »die man wegen ihrer widernatürlichen Schweinereien aus dem Hause jagte«. Oder ins KZ. Denn im Unterschied zu 1912 wurden solche Urteile 1937 zur Gefahr, weil hinter ihnen der Vernichtungswille der staatlichen Macht spürbar war, die ihre Spießermoral bedroht sah.

Mit dem Zustand dieser Welt macht auch der alte Benn kein Federlesen. Die Sinnfrage ist nach zwei Weltkriegen als Kinderfrage entlarvt, die Geschichte nichts weiter als ein fades da capo, die Lage aussichtslos, und die Würde des Menschen besteht darin, mit dieser Erkenntnis zu leben. Bloß kein Pathos, Schweigen ist angesichts der Verhältnisse angebracht. Das Ich, was ist es denn eigentlich noch, mit wem tritt es in Beziehung?

Was du in Drogerien sprachst
beim Einkauf von Mitteln
oder mit deinem Schneider
außerhalb des Maßgeschäftlichen –
was für ein Nonsens diese Gesprächsfetzen,
warst du da etwa drin? *(Verzweiflung)*

In den Gedichten nach 1945 erweist sich Benn als bedeutender Realist. »Lassen wir das Höhere«, sagt das lyrische Ich, »bleiben wir empirisch!« *(I 520)*. Angelpunkt dieses Realismus sind die Erfahrungen des Großstadtbewohners, seine Bewußtseinszustände und Ermüdungen, die unmotivierten Stimmungswechsel:

Nur noch flüchtig alles
Neuralgien morgens,
Halluzinationen abends
angelehnt an Trunk und Zigaretten *(III 314)*

Das ist der saloppe Benn-Ton, von dem dann die deutsche Lyrik der siebziger Jahre (Born, Brinkmann, Fauser, Wondratschek) so viel erben wird. In diesen Gedichten der »Phase II«, wie Benn seine Produktion nach 1945 nennt, entwickelt er den modernen Stil, der dem gesellschaftlichen Zustand gewachsen ist: »Die veränderten Perspektiven verlangen eine veränderte Kunst«.

Da der bisherige Mensch bankrott ist, »Biologie, Soziologie, Familie, Theologie, alles verfallen und ausgelaugt« *(IV 162)*, kann auch die Lyrik nicht mehr wie früher sein, harmonisch oder tief: »Die edle einfältige Lyrik fasst das Heute in keiner Weise. Wir sind böse u zerrissen u. das muss zur Sprache kommen« *(3,54)*.

Zur Sprache kommt die Moderne in einer Collagentechnik, in der Sätze montiert werden, die der Dichter etwa im Radio oder am Biertisch hört, und die in ihrer Banalität so typisch sind für eine Gesellschaft, über deren Unterhaltungen eine »geradezu ontologische Leere« liegt, so daß man sich fragen muß: Stellt ihre Sprache überhaupt noch Verbindung her, »oder ist sie nur noch Material für Geschäftsbesprechungen« *(I 529)*:

Von Nebentischen hört man oft: »Wir Grossisten«,
»Herr Kraft, was nützen Kunden,
die die Solawechsel nicht zahlen«,
»Dreizehn Mark fünfzig als Monatsrate«:
Die ganze Welt ist voll von solchen Worten *(III 309)*

Das ist die Antwort, die der Lyriker gibt. Und sie sieht leicht aus. Aber Benns Gedichte, auch die »kaltschnäuzigen und désagreablen«, sind das Ergebnis einer seelischen Regression im psychoanalytischen Sinn, die den Körper durchlässig macht

Das Praxisschild in der Bozener Straße 20

für die »halluzinatorisch-kongestiven Mechanismen«, mit denen sich das Innere Ausdruck verschafft, wobei auch Stimulantien willkommen sind: »etwas Alcohol, und die Bilder kommen und gehn« *(2,103)*.

Aber ohne Mühsal entsteht kein Gedicht, »man braucht die Komplikationen, die einem aus seinem Inneren erwachsen, auch die Niederschläge, man muß hindurch« *(IV 310f.)*. Auch für die »schönen«, die »faszinierenden« Gedichte sind die Niederlagen des Körpers und der Seele der produktive Hintergrund, auch hier wenig Positives und Konstruktives, eher Unsicherheit und Trennung:

Die Seen hell, die Himmel weich,
die Äcker rein und glänzen leise,
doch wo sind Sieg und Siegsbeweise
aus dem von dir vertretenen Reich? *(Einsamer nie)*

Solchen Strophen galt ja die Bewunderung der jungen Generation, die in den fünfziger und sechziger Jahren dichtete und las. Hier hören wir den elegischen Ton, Sehnsucht und Trauer vermittelt, der Strophenbau ist geschlossen, die lyrische Tradition »formal zugegen, nur inhaltlich, sofern es diese Unterscheidung gibt, ist alles Benn, von der Thematik bis zum spezifischen Ton, der unverwechselbar geworden ist«.

Der Ton, den wir hören, ist der Ton einer unverwechselbaren Melancholie, die alle Gedichte durchzieht, die frühen und die späten, die bösartigen und die sanften. Benn war mit einer Melancholie geschlagen, die ihn lebenslang mit schweren Formen von Verzweiflung, Einsamkeitsgefühlen und Depressionen geplagt hat, und sein gesamtes Werk ist ein verschlüsselter Kampf mit dieser konstitutionellen Problematik. Kunst zu machen war das einzige Licht am Ende des dunklen Tunnels, der unweigerlich zum Tode führt. Ohne die Melancholie und das Leiden, das sie diktiert, die Müdigkeit, die sie schürt, die

Verzweiflungen, die sie fordert, wären die Gedichte nicht entstanden: »Ontologie – wo ist denn ein Sein, außer in meinen Bildern«.

Die deutsche Literaturwissenschaft hat kürzlich ganz entschieden vor Benn gewarnt und einen geheimen »Makel« seiner Kunst entlarvt: Sie verführe ihre Anhänger »durch ihre sentimentalen oder zynischen sozialen Ersatzfunktionen oft zum Selbstgenuß seiner sozialpolitischen Entfremdungs- und Einsamkeitserfahrung« und zöge besonders den »jugendlichen Leser« [!] in den Sog der »sozialen Selbstbefriedigung« dieser »narzißhaften« Kunst. Vor allem aber seien die Tröstungen, die Benns Werk anzubieten habe, nur scheinhaft. Denn in Wahrheit balsamiere es die »individuellen und gesellschaftlichen Leiden«, »statt sie durch Untröstlichkeiten zu verschärfen und offenzuhalten, statt die ganze Sphäre der gesellschaftlichen Ohnmacht und Abhängigkeiten in ihren Sprach- und Reflexionsraum einzubeziehen«.

Benn kann es niemandem recht machen. 1912 war es die »Perversität«, 1937 die »warme Luft des ›Selbsterregers‹« und 1978 ist es dann die »sublime Selbstbefriedigung«, die sich als geheimes Laster auf den Leser überträgt und ihn zur sich selbst genießenden Passivität verführt.

Das ist der altbekannte Vorwurf an den Außenseiter, er verweigere sich den Idealen der gesellschaftlich normativen, der alleinseligmachenden und jedenfalls ehelichen Produktivität. Der Wert der Dichtung wird an ihrer »richtigen« Funktion gemessen, ihr Sinn auf positive Verwertbarkeit eingeschränkt. Anders ist ja der Vorwurf gar nicht erklärbar, Benn hätte sich »mit seiner Lebenswirklichkeit und Zeitgeschichte kritisch auseinandersetzen müssen«!

Abgesehen davon, daß seine Gedichte und Essays nach 1945 nichts anderes machen: Haben denn die Dichtungen des Gegenkönigs Brecht weitreichendere Wirkungen gehabt? Haben sie ihre Leser zu gesellschaftspolitischen Veränderungen animiert?

Qui sait. »Sich abfinden und gelegentlich auf Wasser sehn« *(II 256)*, hätte Benn angesichts dieser Vorhaltungen, die sich das Mäntelchen der Moral und des gesellschaftskritischen Engagements umhängen, wahrscheinlich gedacht. Und, in Hinsicht auch auf unsere Germanistenzunft: »Wissenschaft ist ja nur Sammelsurium, charakterloses Weitermachen, entscheidungs- und verantwortungsloses Entpersönlichen der Welt«.

Kleine Aster

Ein ersoffener Bierfahrer wurde auf den Tisch gestemmt.
Irgendeiner hatte ihm eine dunkelhellila Aster
zwischen die Zähne geklemmt.
Als ich von der Brust aus
unter der Haut
mit einem langen Messer
Zunge und Gaumen herausschnitt,
muß ich sie angestoßen haben, denn sie glitt
in das nebenliegende Gehirn.
Ich packte sie ihm in die Bauchhöhle
zwischen die Holzwolle,
als man zunähte.
Trinke dich satt in deiner Vase!
Ruhe sanft,
kleine Aster!
(1912)

Schöne Jugend

Der Mund eines Mädchens, das lange im Schilf gelegen
hatte,
sah so angeknabbert aus.
Als man die Brust aufbrach, war die Speiseröhre so
löcherig.
Schließlich in einer Laube unter dem Zwerchfell
fand man ein Nest von jungen Ratten.
Ein kleines Schwesterchen lag tot.
Die andern lebten von Leber und Niere,
tranken das kalte Blut und hatten
hier eine schöne Jugend verlebt.
Und schön und schnell kam auch ihr Tod:
Man warf sie allesamt ins Wasser.
Ach, wie die kleinen Schnauzen quietschten!
(1912)

Negerbraut

Dann lag auf Kissen dunklen Bluts gebettet
der blonde Nacken einer weißen Frau.
Die Sonne wütete in ihrem Haar
und leckte ihr die hellen Schenkel lang
und kniete um die bräunlicheren Brüste,
noch unentstellt durch Laster und Geburt.
Ein Nigger neben ihr: durch Pferdehufschlag
Augen und Stirn zerfetzt. Der bohrte
zwei Zehen seines schmutzigen linken Fußes
ins Innre ihres kleinen weißen Ohrs.
Sie aber lag und schlief wie eine Braut:
am Saume ihres Glücks der ersten Liebe
und wie vorm Aufbruch vieler Himmelfahrten
des jungen warmen Blutes.
Bis man ihr
das Messer in die weiße Kehle senkte
und einen Purpurschurz aus totem Blut
ihr um die Hüften warf.
(1912)

Requiem

Auf jedem Tische zwei. Männer und Weiber
kreuzweis. Nah, nackt, und dennoch ohne Qual.
Den Schädel auf. Die Brust entzwei. Die Leiber
gebären nun ihr allerletztes Mal.

Jeder drei Näpfe voll: von Hirn bis Hoden.
Und Gottes Tempel und des Teufels Stall
nun Brust an Brust auf eines Kübels Boden
begrinsen Golgatha und Sündenfall.

Der Rest in Särge. Lauter Neugeburten:
Mannsbeine, Kinderbrust und Haar vom Weib.
Ich sah von zweien, die dereinst sich hurten,
lag es da, wie aus einem Mutterleib.
(1912)

Mann und Frau gehn durch die Krebsbaracke

Der Mann:

Hier diese Reihe sind zerfressene Schöße
und diese Reihe ist zerfallene Brust.
Bett stinkt bei Bett. Die Schwestern wechseln stündlich.

Komm, hebe ruhig diese Decke auf.
Sieh: dieser Klumpen Fett und faule Säfte
das war einst irgendeinem Manne groß
und hieß auch Rausch und Heimat. –

Komm, sieh auf diese Narbe an der Brust.
Fühlst du den Rosenkranz von weichen Knoten?
Fühl ruhig hin. Das Fleisch ist weich und schmerzt
nicht. –

Hier diese blutet wie aus dreißig Leibern.
Kein Mensch hat so viel Blut. –
Hier dieser schnitt man
erst noch ein Kind aus dem verkrebsten Schoß. –

Man läßt sie schlafen. Tag und Nacht. – Den Neuen
sagt man: Hier schläft man sich gesund. – Nur Sonntags
für den Besuch läßt man sie etwas wacher. –

Nahrung wird wenig noch verzehrt. Die Rücken
sind wund. Du siehst die Fliegen. Manchmal
wäscht sie die Schwester. Wie man Bänke wäscht. –

Hier schwillt der Acker schon um jedes Bett.
Fleisch ebnet sich zu Land. Glut gibt sich fort.
Saft schickt sich an zu rinnen. Erde ruft. –

(1912)

Saal der kreißenden Frauen

Die ärmsten Frauen von Berlin
– dreizehn Kinder in anderthalb Zimmern,
Huren, Gefangene, Ausgestoßene –
krümmen hier ihren Leib und wimmern.

Es wird nirgends so viel geschrien.
Es wird nirgends Schmerzen und Leid
so ganz und garnicht wie hier beachtet,
weil hier eben immer was schreit.

»Pressen Sie, Frau! Verstehn Sie, ja?
Sie sind nicht zum Vergnügen da.
Ziehn Sie die Sache nicht in die Länge.
Kommt auch Kot bei dem Gedränge!
Sie sind nicht da, um auszuruhn.
Es kommt nicht selbst. Sie müssen was tun!«

Schließlich kommt es: bläulich und klein.
Urin und Stuhlgang salben es ein.

Aus elf Betten mit Tränen und Blut
grüßt es ein Wimmern als Salut.
Nur aus zwei Augen bricht ein Chor
von Jubilaten zum Himmel empor.

Durch dieses kleine fleischerne Stück
wird alles gehen: Jammer und Glück.
Und stirbt es dereinst in Röcheln und Qual,
liegen zwölf andre in diesem Saal.
(1912)

D-Zug

Braun wie Kognak. Braun wie Laub. Rotbraun.
Malaiengelb.
D-Zug Berlin – Trelleborg und die Ostseebäder. –

Fleisch, das nackt ging.
Bis in den Mund gebräunt vom Meer.
Reif gesenkt. Zu griechischem Glück.
In Sichel-Sehnsucht: wie weit der Sommer ist!
Vorletzter Tag des neunten Monats schon! –

Stoppel und letzte Mandel lechzt in uns.
Enthaltungen, das Blut, die Müdigkeiten,
Die Georginennähe macht uns wirr. –

Männerbraun stürzt sich auf Frauenbraun:

Eine Frau ist etwas für eine Nacht.
Und wenn es schön war, noch für die nächste!
O! Und dann wieder dies Bei-sich-selbst-sein!
Diese Stummheiten. Dies Getriebenwerden!

Eine Frau ist etwas mit Geruch.
Unsägliches. Stirb hin. Resede.
Darin ist Süden, Hirt und Meer.
An jedem Abhang lehnt ein Glück. –

Frauenhellbraun taumelt an Männerdunkelbraun:

Halte mich! Du, ich falle!
Ich bin im Nacken so müde.
O dieser fiebernde süße
Letzte Geruch aus den Gärten. –

(1912)

Nachtcafé I

Es lohnt kaum den Kakau. Dann schiebt man ein
Und stürzt: ich bin an Gottes Saum hervor;
Liebst du mich auch? Ich war so sehr allein.

Das Weserlied erregt die Sau gemütlich.
Die Lippen weinen mit. Den Strom herunter.
Das süße Tal! Da sitzt sie mit der Laute.

Der Ober rudert mit den Schlummerpünschen.
Er schwimmt sich frei. Fleischlaub und Hurenherbste,
Ein welker Streif. Fett furcht sich, Gruben röhren:
Das Fleisch ist flüssig; gieß es, wie du willst,
Um dich.
Ein Spalt voll Schreie unser Mund. –
(1914)

Durch's Erlenholz kam sie entlang gestrichen––––

Die Schnepfe nämlich, – erzählte der Pfarrer. –:
Da traten kahle Äste gegen die Luft: ehern.
Ein Himmel blaute: unbedenkbar. Die Schulter
mit der Büchse,
Des Pfarrers Spannung, der kleine Hund,
Selbst Treiber, die dem Herrn die Freude gönnten:
Unerschütterlich.
Dann weltumgoldet: der Schuß:
Einbeziehung vieler Vorgänge,
Erwägen von Möglichkeiten,
Bedenkung physikalischer Verhältnisse,
Einschließlich Parabel und Geschoßgarbe,
Luftdichte, Barometerstand, Isobaren ––
Aber durch alles hindurch: die Sicherstellung.

Die Ausschaltung des Fraglichen,
Die Zusammenraffung,
Eine Pranke in den Nacken der Erkenntnis,
Blutüberströmt zuckt ihr Plunder
Unter dem Begriff: Schnepfenjagd.

Da verschied Copernikus. Kein Newton mehr.
– Kein drittes Wärmegesetz –
Eine kleine Stadt dämmert auf: Kellergeruch,
Konditorjungen,
Bedürfnisanstalt mit Wartefrau,
Das Handtuch über den Sitz wischend
Zum Zweck der öffentlichen Gesundheitspflege;
Ein Büro, ein junger Registrator
Mit Ärmelschutz, mit Frühstücksbrödchen
Den Brief der Patentante lesend. –

(1916)

Cocain

Den Ich-zerfall, den süßen, tiefersehnten,
Den gibst Du mir: schon ist die Kehle rauh,
Schon ist der fremde Klang an unerwähnten
Gebilden meines Ichs am Unterbau.

Nicht mehr am Schwerte, das der Mutter Scheide
Entsprang, um da und dort ein Werk zu tun
Und stählern schlägt ––: gesunken in die Heide,
Wo Hügel kaum enthüllter Formen ruhn!

Ein laues Glatt, ein kleines Etwas, Eben –
Und nun entsteigt für Hauche eines Wehns
Das Ur, geballt, Nicht-seine beben
Hirnschauer mürbesten Vorübergehns.

Zersprengtes Ich – o aufgetrunkene Schwäre –
Verwehte Fieber – süß zerborstene Wehr –:
Verströme, o verströme Du – gebäre
Blutbäuchig das Entformte her.

(1917)

Das Plakat

Früh, wenn der Abendmensch ist eingepflügt
Und bröckelt mit der kalten Stadt im Monde;
Wenn Logik nicht im ethischen Konnex,
Nein, kategorisch wuchtet; Mangel an Aufschwung
Bejahung stänkert, Klammerung an Zahlen,
(Zumal wenn teilbar), Einbeinung in den Gang
Nach Krankenhaus, Fabrik, Registratur
Im Knie zu Hausbesitzverein, Geschlechtsbejahung,
Fortpflanzung, staatlichem Gemeinsystem
Ingrimmige Bekennung, –
Tröstet den Trambahngast
Allein das farbenprächtige Plakat.
Es ist die Nacht, die funkelt. Die Entrückung.
Es gilt dem kleinen Mann: selbst kleinem Mann
Steht offen Lust zu! Städtisch unbehelligt:
Die Einsamkeit, die Heimkehr in das Blut!
Rauschwerte werden öffentlich genehmigt.
Entformung, selbst Vergessen der Fabrik
Soll zugestanden sein: ein Polizist
Steht selber vor der einen Litfaßsäule! –
O Lüftung! Warme Schwellung! Stirnzerfluß!
Und plötzlich bricht der Chaos durch die Straßen:
Enthemmungen der Löcher und der Lüste,
Entsinkungen: Die Formen tauen
Sich tot dem Strome nach. –
(1917)

Curettage

Nun liegt sie in derselben Pose
Wie sie empfing,
Die Schenkel lose
Im Eisenring

Der Kopf verströmt und ohne Dauer
Als ob sie rief:
Gieb's, gieb's, ich gurgle deine Schauer
Bis in mein Tief

Der Leib noch stark von wenig Äther
Und wirft sich zu:
Nach uns die Sintflut und das Später
Nur du, nur du

Die Wände fallen, Tisch und Stühle
Sind alle voll von Wesen, krank
Nach Blutung, lechzendem Gewühle
Und einem nahen Untergang.
(1921)

Verlauste Schieber, Rixdorf, Lichtenrade
Sind Göttersöhne und ins Licht gebeugt,
Freibier für Luden und Spionfassade –
Der warme Tag ist's, der die Natter zeugt:
Am Tauentzien und dann die Prunkparade
Der Villenwälder, wo die Chuzpe seucht:
Fortschritt, Zylinderglanz und Westenweiße
Des Bürgermastdarms und der Bauchgeschmeiße.

Jungdeutschland, hoch die Aufbauschiebefahne!
Refrains per Saldo! Zeitstrom, jeder Preis!
Der Genius und die sterblichen Organe
Vereint beschmunzeln ihm den fetten Steiß.
Los, gebt ihm Lustmord, Sodomitensahne
Und schäkert ihm den Blasenausgang heiß
Und singt dem Aasgestrüpp und Hurentorte
Empor! (zu Caviar). Sursum! (zur Importe.)

Vergeßt auch nicht die vielbesungne Fose
Mit leichter Venerologie bedeckt,
Bei Gasglühlicht und Saint-Lazare die Pose
Das kitzelt ihn, Gott, wie der Chablis schmeckt.
Und amüsiert das Vieh und Frau Mimose
Will auch was haben, was ein bißchen neckt –
Gott, gebt ihr doch, Gott, steckt ihr doch ein Licht
In die – ein Licht des Geistes ins Gesicht.

Die Massenjauche in den Massenkuhlen
Die stinkt nicht mehr, die ist schon fortgetaut.
Die Börsenbullen und die Bänkeljulen
Die haben Deutschland wieder aufgebaut.
Der Jobber und die liederreichen Thulen,
Zwei Ferkel, aus demselben Stall gesaut –
Streik? Dowe Bande! Eignes Licht im Haus!
Wer fixt per Saldo kessen Schlager raus?

Avant! Die Hosen runter, smarte Geister,
An Spree und Jordan großer Samenfang!
Und dann das Onanat mit Demos-Kleister
Versalbt zu flottem Nebbich mit Gesang.
Hoch der Familientisch! Und mixt auch dreister
Den ganzen süßen Westen mitten mang –
Und aller Fluch der ganzen Kreatur
Gequälten Seins in Eure Appretur. (1922)

Annonce

»Villa in Baden-Baden,
schloßartig, Wasserlauf
im Garten, Ballustraden
vermietbar oder Kauf« –
das ist wohl so zu lesen,
von Waldessaum begrenzt,
mit Fernblick und Vogesen
und wo die Oos erglänzt.

Nun mag wohl ein Tiroler
von Burg und Martinswand
erwägen, ob ihm wohler
im wellig heitern Land
oder aus andern Kreisen,
wo Herz und Sinne weit
das Schöne offen preisen
und frohe Gastlichkeit.

Zum Beispiel Sommerstunde
geöffnet der Salon,
berauscht die Rosenrunde
vom Klang des Steinway son
das Lied, das Lied hat Flügel,
wie's durch den Garten zieht,
wo man vom Flaggenhügel
die Handelskammer sieht.

Oder wie seelisch offen,
wie strömt man hin so frei:
»Der Mann dort in Pantoffeln,
der Gärtner zieht im Mai,
er will schon wieder gehen,
und eh' man dann was fand,
man gibt die Orchideen
nicht gern von Hand zu Hand.«

So nicht nur Ehrenrunden
und Oberflächlichkeit,
es führt zu innern Stunden,
Leid und Vergänglichkeit
und hält Gesundheitsschaden
für die Familie auf
die Villa Baden-Baden,
schloßartig, Wasserlauf.
(1926)

Jena

»Jena vor uns im lieblichen Tale«
schrieb meine Mutter von einer Tour
auf einer Karte vom Ufer der Saale,
sie war in Kösen im Sommer zur Kur;
nun längst vergessen, erloschen die Ahne,
selbst ihre Handschrift, Graphologie,
Jahre des Werdens, Jahre der Wahne,
nur diese Worte vergesse ich nie.

Es war kein berühmtes Bild, keine Klasse,
für lieblich sah man wenig blühn,
schlechtes Papier, keine holzfreie Masse,
auch waren die Berge nicht rebengrün,
doch kam man vom Lande, von kleinen Hütten,
so waren die Täler wohl lieblich und schön,
man brauchte nicht Farbdruck, man brauchte nicht Bütten,
man glaubte, auch andere würden es sehn.

Es war wohl ein Wort von hoher Warte,
ein Ausruf hatte die Hand geführt,
sie bat den Kellner um eine Karte,
so hatte die Landschaft sie berührt,
und doch – wie oben – erlosch die Ahne
und das gilt allen und auch für den,
die – Jahre des Werdens, Jahre der Wahne –
heute die Stadt im Tale sehn.
(1926)

Fürst Krafft

Fürst Krafft ist – liest man – gestorben.
Latifundien weit,
ererbte hat er erworben,
eine Nachrufpersönlichkeit:
»übte unerschrocken Kontrolle,
ob jeder rechtens tat,
Aktiengesellschaft Wolle,
Aufsichtsrat«.

So starb er in den Sielen.
Doch wandt' er in Stunden der Ruh
höchsten sportlichen Zielen
sein Interesse zu;
immer wird man ihn nennen,
den delikaten Greis,
Schöpfer des Stutenrennen:
Kiszaconypreis.

Und niemals müde zu reisen!
Genug ist nicht genug!
Oft hörte man ihn preisen
den Rast-ich-so-rost-ich-Zug,
er stieg mit festen Schritten
in seinen sleeping car
und schon war er inmitten
von Rom und Sansibar.

So schuf er für das Ganze.
Und hat noch hochbetagt
im Bergrevier der Tatra
die flinke Gemse gejagt.
Drum ruft ihm über die Bahre
neben der Industrie
alles Schöne, Gute, Wahre
ein letztes Halali.

(1926)

Tag, der den Sommer endet

Tag, der den Sommer endet
Herz, dem das Zeichen fiel:
die Flammen sind versendet,
die Fluten und das Spiel.

Die Bilder werden blasser,
entrücken sich der Zeit,
wohl spiegelt sie noch ein Wasser,
doch auch dies Wasser ist weit.

Du hast eine Schlacht erfahren,
trägst noch ihr Stürmen, ihr Fliehn,
indessen die Schwärme, die Scharen,
die Heere weiter ziehn.

Rosen- und Waffenspanner,
Pfeile und Flammen weit –:
die Zeichen sinken, die Banner –:
Unwiderbringlichkeit.
(1936)

Astern

Astern –, schwälende Tage,
alte Beschwörung, Bann,
die Götter halten die Waage
eine zögernde Stunde an.

Noch einmal die goldenen Herden
der Himmel, das Licht, der Flor,
was brütet das alte Werden
unter den sterbenden Flügeln vor?

Noch einmal das Ersehnte,
den Rausch, der Rosen Du –,
der Sommer stand und lehnte
und sah den Schwalben zu,

noch einmal ein Vermuten,
wo längst Gewißheit wacht:
die Schwalben streifen die Fluten
und trinken Fahrt und Nacht.
(1936)

Turin

»Ich laufe auf zerrissenen Sohlen«,
schrieb dieses große Weltgenie
in seinem letzten Brief –, dann holen
sie ihn nach Jena –; Psychiatrie.

Ich kann mir keine Bücher kaufen,
ich sitze in den Librairien:
Notizen –, dann nach Aufschnitt laufen: –
das sind die Tage von Turin.

Indess Europas Edelfäule
an Pau, Bayreuth und Epsom sog,
umarmte er zwei Droschkengäule,
bis ihn sein Wirt nach Hause zog.
(1936)

Einsamer nie –

Einsamer nie als im August:
Erfüllungsstunde –, im Gelände
die roten und die goldenen Brände,
doch wo ist deiner Gärten Lust?

Die Seen hell, die Himmel weich,
die Äcker rein und glänzen leise,
doch wo sind Sieg und Siegsbeweise
aus dem von dir vertretenen Reich?

Wo alles sich durch Glück beweist
und tauscht den Blick und tauscht die Ringe
im Weingeruch, im Rausch der Dinge, –:
dienst du dem Gegenglück, dem Geist.
(1936)

Alter Kellner

Das Nichts, das Menschenlos, die Parzennähe
ein alter Kellner, schuftend prägt sie ein:
wenn eins ihn seiner Kinder sähe:
er möchte wohl ein anderer sein.

Ein anderer konnte er nicht werden,
Geburt und Schicksal, Trieb und Not,
verwehte Lust uralter Erden,
versehrte Vordern, früher Tod,

Des Geistes Ahnenschaft, des Fleisches Sippe,
Belastungen, Verrat, der Arten Lauf –
das alles stand um sein Gerippe
und schuf den alten Klepper auf.

Sein Leben fliesst dahin – ein Gast wird jäher –
er schleift den kranken Fuss, er ballt den Schuh, –
ein anderer scherzt mit ihm und tritt ihm näher
und flüchtigt ihm ein Wohlwort zu, –

Gewalt der Ewigkeit, Gesetz der Erden,
Reiz und Ermattung, spielerisch und gross –,
ein andrer konnte er nicht werden,
geschaffen in das Nichts, das Menschenlos.
(1938)

Bilder

Siehst du auf Bildern in den Galerie'n
verkrümmte Rücken, graue Mäuler, Falten
anstößiger gedunsener Alten,
die schon wie Leichen durch die Dinge zieh'n,

Brüchige Felle, Stoppeln, käsiger Bart,
blutunterflossenes Fett von Fuselräuschen,
gewandt, für Korn zu prellen und zu täuschen,
den Stummel fischend und im Tuch verwahrt;

Ein Lebensabend, reichliches Dekor,
Reichtum an Unflat, Lumpen, Pestilenzen,
ein Hochhinauf wechselnder Residenzen:
im Leihhaus tags und nachts im Abflußrohr,

Siehst du auf Bildern in den Galerie'n,
wie diese Alten für ihr Leben zahlten,
siehst du die Züge derer, die es malten,
du siehst den großen Genius, – Ihn.

(1943)

Abschied

Du füllst mich an wie Blut die frische Wunde
und rinnst hernieder seine dunkle Spur,
Du dehnst dich aus wie Nacht in jener Stunde,
da sich die Matte färbt zur Schattenflur,
Du blühst wie Rosen schwer in Gärten allen,
Du Einsamkeit aus Alter und Verlust,
Du Überleben, wenn die Träume fallen,
zuviel gelitten und zuviel gewußt.

Entfremdet früh dem Wahn der Wirklichkeiten,
versagend sich der schnell gegebenen Welt,
ermüdet von dem Trug der Einzelheiten,
da keine sich dem tiefen Ich gesellt;
nun aus der Tiefe selbst, durch nichts zu rühren,
und die kein Wort und Zeichen je verrät,
mußt du dein Schweigen nehmen, Abwärtsführen
zu Nacht und Trauer und den Rosen spät.

Manchmal noch denkst du dich –; die eigene Sage –:
das warst du doch –? ach, wie du dich vergaßt!
war das dein Bild? war das nicht deine Frage,
dein Wort, dein Himmelslicht, das du besaßt?
Mein Wort, mein Himmelslicht, dereinst besessen,
mein Wort, mein Himmelslicht, zerstört, vertan –,
wem das geschah, der muß sich wohl vergessen
und rührt nicht mehr die alten Stunden an.

Ein letzter Tag –: spätglühend, weite Räume,
ein Wasser führt dich zu entrücktem Ziel,
ein hohes Licht umströmt die alten Bäume
und schafft im Schatten sich ein Widerspiel,
von Früchten nichts, aus Ähren keine Krone
und auch nach Ernten hat er nicht gefragt –,
er spielt sein Spiel, und fühlt sein Licht und ohne
Erinnern nieder – alles ist gesagt.
(1943)

Wenn etwas leicht

Wenn etwas leicht und rauschend um dich ist
wie die Glycinienpracht an dieser Mauer,
dann ist die Stunde jener Trauer,
daß du nicht reich und unerschöpflich bist.

Nicht wie die Blüte oder wie das Licht:
in Strahlen kommend, sich verwandelnd,
an ähnlichen Gebilden handelnd,
die alle nur der eine Rausch verflicht,

der eine Samt, auf dem die Dinge ruh'n
so strömend und so unzerspalten,
die Grenze zieh'n, die Stunden halten
und nichts in jener Trauer tun.
(1943)

Dann –

Wenn ein Gesicht, das man als junges kannte
und dem man Glanz und Tränen fortgeküßt,
sich in den ersten Zug des Alters wandte,
den frühen Zauber lebend eingebüßt,

Der Bogen einst, dem jeder Pfeil gelungen,
purpurgefiedert lag das Rohr im Blau,
die Cymbel auch, die jedes Lied gesungen:
– »funkelnde Schale«, – »Wiesen im Dämmergrau«, –

Dem ersten Zug der zweite schon im Bunde,
ach, an der Stirne hält sie schon die Wacht
die einsame, die letzte Stunde –,
das ganze liebe Antlitz dann in Nacht.
(1946)

Clemenceau

»Mit dem Blick auf das Ende
ist das Leben schön«,
der Blick lag auf den Rosen der Vendée.
Ferner:
»die Menschen haben keine Seele,
wenn sie doch wenigstens Haltung hätten.«

Ein überlegenes Gefühl zeigt folgende Bemerkung:
»es gibt Sterne,
die seit 2000 Jahren erloschen sind
und deren Licht wir noch erhalten.
Wenn man daran denkt,
ist alles in Ordnung.«

Über Kunst wußte er Bescheid.
Betreffend seinen Gutsnachbar Monet schrieb er:
»er hätte noch zehn Jahre leben müssen,
dann hätte man nichts von dem verstanden,
was er schuf,
auf seiner Leinewand
wäre dann vielleicht nichts mehr zu sehn gewesen.«

Witzig ist folgender Dialog:
»C.: er soll ein leidenschaftlicher Päderast
gewesen sein?
M.: nein, er spricht von der Päderastie,
ohne sich zu erregen.
C.: was, er erregte sich nicht einmal?«

Hinsichtlich unserer Besonderheit scherzte er:
»die Deutschen sehen,
wie ein niedliches Tier im Wasser umhertändelt
und das nennen sie dann Meerschwein.«

Die Perspektive tritt an Stelle der Emphase;
Fünfundachtzigjährig faßt er zusammen:
»nichts ist wahr. Alles ist wahr.
Das ist der Weisheit letzter Schluß.«
(1946)

Chopin

Nicht sehr ergiebig im Gespräch,
Ansichten waren nicht seine Stärke,
Ansichten reden drum herum,
wenn Delacroix Theorien entwickelte,
wurde er unruhig, er seinerseits konnte
die Notturnos nicht begründen.

Schwacher Liebhaber;
Schatten in Nohant,
wo George Sands Kinder
keine erzieherischen Ratschläge
von ihm annahmen.

Brustkrank in jener Form
mit Blutungen und Narbenbildung,
die sich lange hinzieht;
stiller Tod
im Gegensatz zu einem
mit Schmerzparoxysmen
oder durch Gewehrsalven:
man rückte den Flügel (Erard) an die Tür
und Delphine Potocka
sang ihm in der letzten Stunde
ein Veilchenlied.

Nach England reiste er mit drei Flügeln:
Pleyel, Erard, Broadwood,
spielte für 20 Guineen abends
eine Viertelstunde
bei Rothschilds, Wellingtons, im Strafford House
und vor zahllosen Hosenbändern;
verdunkelt von Müdigkeit und Todesnähe
kehrte er heim
auf den Square d'Orléans.

Dann verbrennt er seine Skizzen
und Manuskripte,
nur keine Restbestände, Fragmente, Notizen,
diese verräterischen Einblicke –,
sagte zum Schluß:

»meine Versuche sind nach Maßgabe dessen vollendet,
was mir zu erreichen möglich war.«

Spielen sollte jeder Finger
mit der seinem Bau entsprechenden Kraft,
der vierte ist der schwächste
(nur siamesisch zum Mittelfinger).
Wenn er begann, lagen sie
auf e, fis, gis, h, c.

Wer je bestimmte Präludien
von ihm hörte,
sei es in Landhäusern oder
in einem Höhengelände
oder aus offenen Terrassentüren
beispielsweise aus einem Sanatorium,
wird es schwer vergessen.
Nie eine Oper komponiert,
keine Symphonie,
nur diese tragischen Progressionen
aus artistischer Überzeugung
und mit einer kleinen Hand.
(1946)

V. Jahrhundert

I.

»Und einer stellt die attische Lekythe,
auf der die Überfahrt von Schlaf und Staub
in weißen Grund gemalt als Hadesmythe,
zwischen die Myrthe und das Pappellaub.

Und Einer steckt Cypresse an die Pfosten
der lieben Tür, mit Rosen oft behängt,
nun weißer Thymian, Tarant und Dosten
den letztesmal Gekränzten unterfängt.

Das Mahl. Der Weiheguß. Die Räucherschwaden.
Dann wird ein Hain gepflanzt das Grab umziehn
und eine Flöte singt von den Cykladen,
doch keiner folgt mir in die Plutonie'n.«

II.

Das Tal stand silbern in Olivenzweigen,
dazwischen war es von Magnolien weiß,
doch alles trug sich schwer, in Schicksalsschweigen
sie blühten marmorn, doch es fror sie leis.

Die Felder rauh, die Herden ungesegnet,
Kore geraubt und Demeter verirrt,
bis sich die beiden Göttinnen begegnet
am schwarzen Felsen und Eleusis wird.

Nun glüht sich in das Land die ferne Küste,
du gehst im Zuge, jedes Schicksal ruht,
glühst und zerreißest dich, du bist der Myste
und alte Dinge öffnen dir dein Blut.

III.

Leukée – die weiße Insel des Achill
Bisweilen hört man ihn den Päan singen,
Vögel mit den vom Meer benetzten Schwingen
streifen die Tempelwand, sonst ist es still.

Anlandende versinken oft in Traum.
Dann sehn sie ihn, er hat wohl viel vergessen,
er gibt ein Zeichen, zwischen den Cypressen,
weiße Cypresse ist der Hadesbaum.

Wer landet, muß vor Nacht zurück aufs Meer.
Nur Helena bleibt manchmal mit den Tauben,
dann spielen sie, an Schatten nicht zu glauben:
»– Paris gab dem den Pfeil, den Apfel der –«.
(1946)

Rosen

Wenn erst die Rosen verrinnen
aus Vasen oder vom Strauch
und ihr Entblättern beginnen,
fallen die Tränen auch.

Traum von der Stunden Dauer,
Wechsel und Wiederbeginn,
Traum – vor der Tiefe der Trauer:
blättern die Rosen hin.

Wahn von der Stunden Steigen
aller ins Auferstehn,
Wahn – vor dem Fallen, dem Schweigen:
wenn die Rosen vergehn.
(1949)

Satzbau

Alle haben den Himmel, die Liebe und das Grab,
damit wollen wir uns nicht befassen,
das ist für den Kulturkreis besprochen und
durchgearbeitet.
Was aber neu ist, ist die Frage nach dem Satzbau
und die ist dringend:
warum drücken wir etwas aus?

Warum reimen wir oder zeichnen ein Mädchen
direkt oder als Spiegelbild
oder stricheln auf eine Handbreit Büttenpapier
unzählige Pflanzen, Baumkronen, Mauern,
letztere als dicke Raupen mit Schildkrötenkopf
sich unheimlich niedrig hinziehend
in bestimmter Anordnung?

Überwältigend unbeantwortbar!
Honoraraussicht ist es nicht,
viele verhungern darüber. Nein,
es ist ein Antrieb in der Hand,
ferngesteuert, eine Gehirnlage,
vielleicht ein verspäteter Heilbringer oder Totemtier,
auf Kosten des Inhalts ein formaler Priapismus,
er wird vorübergehn,
aber heute ist der Satzbau
das Primäre.

»Die wenigen, die was davon erkannt« – (Goethe) –
wovon eigentlich?
Ich nehme an: vom Satzbau.
(1951)

Denk der Vergeblichen

Wenn ein Verzweifeln
– der du doch große Stunden hattest
und sicher gingst und viele Beschenkungen
aus Rausch und Morgenröten und Wendungen,
unerwarteten,
dir pflegen konntest –
wenn ein Verzweifeln,
selbst mit Zerstörung und Endverglimmen
aus dem Unergründlichen
in seine Macht dich will:

denk der Vergeblichen,
die zarter Schläfe, inngewendeten Gesichts
in der Erinnerungen Treue,
die wenig Hoffnung ließen,
doch auch nach Blumen fragten
und still Verschwiegenes
mit einem Lächeln von wenig Ausdruck
in ihren kleinen Himmel hoben,
der bald verlöschen sollte.
(1951)

Restaurant

Der Herr drüben bestellt sich noch ein Bier,
das ist mir angenehm, dann brauche ich mir keinen
Vorwurf zu machen
daß ich auch gelegentlich einen zische.
Man denkt immer gleich, man ist süchtig,
in einer amerikanischen Zeitschrift las ich sogar
jede Zigarette verkürze das Leben um sechsunddreißig
Minuten,
das glaube ich nicht, vermutlich steht die Coca-Cola-
Industrie
oder eine Kaugummifabrik hinter dem Artikel.

Ein normales Leben, ein normaler Tod
das ist auch nichts. Auch ein normales Leben
führt zu einem kranken Tod. Überhaupt hat der Tod
mit Gesundheit und Krankheit nichts zu tun,
er bedient sich ihrer zu seinem Zwecke.

Wie meinen Sie das: der Tod hat mit Krankheit nichts
zu tun?
Ich meine das so: viele erkranken, ohne zu sterben,
also liegt hier noch etwas anderes vor,
ein Fragwürdigkeitsfragment,
ein Unsicherheitsfaktor,
er ist nicht so klar umrissen,
hat auch keine Hippe,
beobachtet, sieht um die Ecke, hält sich sogar zurück
und ist musikalisch in einer anderen Melodie.

(1951)

Notturno

Im Nebenzimmer die Würfel auf den Holztisch,
benachbart ein Paar im Ansaugestadium,
mit einem Kastanienast auf dem Klavier
                                        tritt die Natur hinzu –
ein Milieu, das mich anspricht.

Da versinken die Denkprozesse,
die Seekrankheit, die einem tagsüber
die Brechzentren bearbeitet,
gehn unter in Alkohol und Nebulosem –
endlich Daseinsschwund und Seelenausglanz!

Auf Wogen liegen –
natürlich kann man untergehn,
aber das ist eine Zeitfrage –
doch Zeit – vor Ozeanen –?
Die waren vorher,
vor Bewußtsein und Empfängnis,
keiner fischte ihre Ungeheuer,
keiner litt tiefer als drei Meter
und das ist wenig.
(1951)

Reisen

Meinen Sie Zürich zum Beispiel
sei eine tiefere Stadt,
wo man Wunder und Weihen
immer als Inhalt hat?

Meinen Sie, aus Habana,
weiß und hibiskusrot,
bräche ein ewiges Manna
für Ihre Wüstennot?

Bahnhofsstraßen und rue'en,
Boulevards, Lidos, Laan –
selbst auf den fifth avenue'en
fällt Sie die Leere an –

ach, vergeblich das Fahren!
Spät erst erfahren Sie sich:
bleiben und stille bewahren
das sich umgrenzende Ich.
(1950)

Spät

I

Die alten schwere Bäume
in großen Parks
und die Blumengärten,
die feucht verwirrten –

Herbstliche Süße.
Polster von Erika
die Autobahn entlang,
alles ist Lüneburger
Heide, lila und unfruchtbar,
Versonnenheiten, die zu Nichts führen,
in sich gekehrtes Kraut,
das bald hinabbräunt
– Frage eines Monats –
ins Nieerblühte.

Dies die Natur.
Und durch die City
in freundlichem Licht
fahren die Bierwagen
Ausklangssänfte, auch Unbesorgnis
vor Reizzuständen, Durst und Ungestilltem –
was stillt sich nicht? Nur kleine Kreise!
Die großen schwelgen
in Übermaßen.

II

So enden die Blicke, die Blicke zurück:
Felder und Seen eingewachsen in deine Tage
und die ersten Lieder
aus einem alten Klavier.
Begegnungen der Seele! Jugend!
Dann selbst gestaltet
Treubruch, Verfehlen, Verfall –
die Hintergründe der Glücke.

Und Liebe!
»Ich glaube dir, daß du gerne bei mir geblieben wärest,
aber es nicht konntest,
ich spreche dich frei von jeder Schuld« –
ja, Liebe
schwer und vielgestalt,
jahrelang verborgen
werden wir einander zurufen: »nicht vergessen«,
bis einer tot ist –
so enden die Rosen,
Blatt um Blatt.

III

Noch einmal so sein wie früher:
unverantwortlich und nicht das Ende wissen,
das Fleisch fühlen: Durst, Zärtlichkeit, Erobern, Verlieren,
hinüberlangen in jenes Andere, – in was?

Abends dasitzen, in den Schlund der Nacht sehn,
er verengert sich, aber am Grund sind Blumen,
es duftet herauf, kurz und zitternd,
dahinter natürlich die Verwesung,
dann ist es ganz dunkel und du weißt wieder dein Teil,
wirfst dein Geld hin und gehst –

soviel Lügen geliebt,
soviel Worten geglaubt,
die nur aus der Wölbung der Lippen kamen,
und dein eigenes Herz
so wandelbar, bodenlos und augenblicklich –

soviel Lügen gelicbt,
soviel Lippen gesucht
(»nimm das Rouge von deinem Munde,
gib ihn mir blaß«)

und der Fragen immer mehr –.
(1951)

Verzweiflung

I.

Was du in Drogerien sprachst
beim Einkauf von Mitteln
oder mit deinem Schneider
außerhalb des Maßgeschäftlichen –
was für ein Nonsens diese Gesprächsfetzen,
warst du da etwa drin?

Morgens – noch etwas erschöpft
von den Aufstehmanipulationen –
leicht hingeplappert, um nicht gleich wieder hinauszugehn,
Dies und Jenes, Zeitgeschichtliches,
Grundsätzliches, alles durcheinander –
Grundsätzliches ist übrigens gut!
Wo sitzt das denn bei dir? Im Magen? Wie lange?
Was ist das überhaupt? Triebfond, Hoffnungszement,
Wirtschaftskalkül –
jedenfalls etwas ungemein Prekäres!

Alles zusammengerechnet
aus Morgen- und Tagesstunden
in Zivil und Uniform
erbricht sich rückblickend vor Überflüssigkeit,
toten Lauten, Hohlechos
und überhaupt mit nichts zusammensein –
oder beginnt hier die menschliche Gemeinschaft?

II.

Alle die Verschlagenheiten,
das Grinsen ins Gesicht von jemandem,
den du dir erhalten willst,
aber auch nicht die Wahrheit über dich sagen,
nicht fühlen lassen das Rohe, das Schielen, den Verrat,
vor allem, weil du selber gar nicht weißt,
was Schielen und Verrat eigentlich ist,
dies ganze Gewebe aus List, Unzucht und Halbtränen. –

Kürten – seinerzeit in Düsseldorf –
von 7 bis 9 abends Lustmörder,
im übrigen Kegelbruder und Familienvater –
war das nicht vollsinnig
und der Pithekanthropos erectus?

Kulturkreise hinten und vorn,
Morgen-, Mittag- und Abendländer,
Höhlenzeichnungen, dicke Madonnen,
Hermaphroditengeschlinge,
Sodomiterei als Rasensport –
alles hin und her und keiner sinnt es
bis zu den Göttern,
bis zu Ende.

Lächle, nimm duftende Seife,
eh du zu der Geliebten eilst
und vorm Rasieren einfetten,
das schönt die Haut.

III.

Sprich zu dir selbst, dann sprichst du zu den Dingen
und von den Dingen, die so bitter sind,
ein anderes Gespräch wird nie gelingen,
den Tod trägt beides, beides endet blind.

Hier singt der Osten und hier trinkt der Westen,
aus offenen Früchten rinnt es und vom Schaft
der Palmen, Gummibäume und in Resten
träuft auch die Orchidee den Seltsamsaft.

Du überall, du allem nochmals offen,
die letzte Stunde und du steigst und steigst,
dann noch ein Lied, und wunderbar getroffen
sinkst du hinüber, weißt das Sein und schweigst.
(1952)

März. Brief nach Meran

Blüht nicht zu früh, ach blüht erst, wenn ich komme,
dann sprüht erst euer Meer und euren Schaum,
Mandeln, Forsythien, unzerspaltene Sonne –
dem Tal den Schimmer und dem Ich den Traum.

Ich, kaum verzweigt, im Tiefen unverbunden,
Ich, ohne Wesen, doch auch ohne Schein,
meistens im Überfall von Trauerstunden,
es hat schon seinen Namen überwunden,
nur manchmal fällt er ihm noch flüchtig ein.

So hin und her – ach blüht erst, wenn ich komme,
ich suche so und finde keinen Rat,
daß einmal noch das Reich, das Glück, das fromme,
der abgeschlossenen Erfüllung naht.
(1952)

Destille

I

Schäbig; abends Destille
in Zwang, in Trieb, in Flucht
Trunk – doch was ist der Wille
gegen Verklärungssucht.

Wenn man die Seele sichtet,
Potenz und Potential,
den Blick aufs Ganze gerichtet:
katastrophal!

Natürlich sitzen in Stuben
Gelehrte zart und matt
und machen aus Tintentuben
ihre Pandekten satt,

natürlich bauten sie Dome
dreihundert Jahre ein Stück
wissend, im Zeitenstrome
bröckelt der Stein zurück,

es ist nicht zu begreifen,
was hatten sie für Substanz,
wissend, die Zeiten schleifen
Turm, Rose, Krypte, Monstranz,

vorbei, à bas und nieder
die große Konfession,
à bas ins Hühnergefieder
konformer Konvention –

abends in Destillen
verzagt, verjagt, verflucht,
so vieles muß sich stillen,
im Trunk Verklärungssucht.

II

Es gibt Melodien und Lieder,
die bestimmte Rhythmen betreun,
die schlagen dein Inneres nieder
und du bist am Boden bis neun.

Meist nachts und du bist schon lange
in vagem Säusel und nickst
zu fremder Gäste Belange,
durch die du in Leben blickst.

Und diese Leben sind trübe,
so trübe, du würdest dich freun,
wenn ewig Rhythmenschübe
und du bliebest am Boden bis neun.

III

Ich erlebe vor allem Flaschen
und abends etwas Funk,
es sind die lauen, die laschen
Stunden der Dämmerung.

»Du mußt dich doch errichten
empor und hochgesinnt!«
»Ich erfülle meine Pflichten,
wo sie vorhanden sind.«

Mir wurde nichts erlassen,
Tode und oft kein Bett,
ich mußte mit Trebern prassen
im zerrissnen Jackett.

Doch nun ist Schluß, ich glühe
von Magma und von Kern,
Von Vor-Quartär und Frühe
wort-, schrift- und kupferfern,

ich lasse mich überraschen,
Versöhnung – und ich verzieh:
aus Fusel, Funk und Flaschen
die Neunte Symphonie.

IV

Ich will mich nicht erwähnen,
doch fällt mir manchmal ein
zwischen Fässern und Hähnen
eine Art von Kunstverein.

Die haben etwas errichtet,
eine Aula mit Schalmei,
da wird gespielt und gedichtet,
was längst vorbei.

Ich lasse mich zerfallen,
ich bleibe dem Ende nah,
dann steht zwischen Trümmern und Ballen
eine tiefe Stunde da.

(1953)

Was schlimm ist

Wenn man kein Englisch kann,
von einem guten englischen Kriminalroman zu hören,
der nicht ins Deutsche übersetzt ist.

Bei Hitze ein Bier sehn,
das man nicht bezahlen kann.

Einen neuen Gedanken haben,
den man nicht in einen Hölderlinvers einwickeln kann,
wie es die Professoren tun.

Nachts auf Reisen Wellen schlagen hören
und sich sagen, daß sie das immer tun.

Sehr schlimm: eingeladen sein,
wenn zu Hause die Räume stiller,
der Café besser
und keine Unterhaltung nötig ist.

Am schlimmsten:
nicht im Sommer sterben,
wenn alles hell ist
und die Erde für Spaten leicht.
(1953)

Hör zu

Hör zu, so wird der letzte Abend sein,
wo du noch ausgehn kannst: du rauchst die »Juno«,
»Würzburger Hofbräu« drei, und liest die Uno,
wie sie der »Spiegel« sieht, du sitzt allein

an kleinem Tisch, an abgeschlossenem Rund
dicht an der Heizung, denn du liebst das Warme.
Um dich das Menschentum und sein Gebarme,
das Ehepaar und der verhasste Hund.

mehr bist du nicht, kein Haus, kein Hügel dein,
zu träumen in ein sonniges Gelände,
dich schlossen immer ziemlich enge Wände
von der Geburt bis diesen Abend ein.

mehr warst du nicht, doch Zeus und alle Macht
das All, die großen Geister, alle Sonnen
sind auch für dich geschehn, durch dich geronnen,
mehr warst du nicht, beendet wie begonnen –
der letzte Abend – gute Nacht.
(1954/55)

Teils – teils

In meinem Elternhaus hingen keine Gainsboroughs
wurde auch kein Chopin gespielt
ganz amusisches Gedankenleben
mein Vater war einmal im Theater gewesen
Anfang des Jahrhunderts
Wildenbruchs »Haubenlerche«
davon zehrten wir
das war alles.

Nun längst zu Ende
graue Herzen, graue Haare
der Garten in polnischem Besitz
die Gräber teils-teils
aber alle slawisch,
Oder-Neißelinie
für Sarginhalte ohne Belang
die Kinder denken an sie
die Gatten auch noch eine Weile
teils-teils
bis sie weiter müssen
Sela, Psalmenende.

Heute noch in einer Großstadtnacht
Caféterrasse
Sommersterne,
vom Nebentisch
Hotelqualitäten in Frankfurt
Vergleiche,
die Damen unbefriedigt
wenn ihre Sehnsucht Gewicht hätte
wöge jede drei Zentner.

Aber ein Fluidum! Heiße Nacht
à la Reiseprospekt und
die Ladies treten aus ihren Bildern:
unwahrscheinliche Beauties
langbeinig, hoher Wasserfall
über ihre Hingabe kann man sich gar nicht erlauben
nachzudenken.

Ehepaare fallen demgegenüber ab,
kommen nicht an, Bälle gehn ins Netz,
er raucht, sie dreht ihre Ringe,
überhaupt nachdenkenswert
Verhältnis von Ehe und Mannesschaffen
Lähmung oder Hochtrieb.

Fragen, Fragen! Erinnerungen in einer Sommernacht
hingeblinzelt, hingestrichen,
in meinem Elternhaus hingen keine Gainsboroughs
nun alles abgesunken
teils-teils das Ganze
Sela, Psalmenende.
(1954)

Melancholie

Wenn man von Faltern liest, von Schilf und Immen,
daß sich darauf ein schöner Sommer wiegt,
dann fragt man sich, ob diese Glücke stimmen
und nicht dahinter eine Täuschung liegt,
und auch das Saitenspiel, von dem sie schreiben,
mit Schwirren, Dufthauch, flügelleichtem Kleid,
mit dem sie tun, als ob sie bleiben,
in anderen Ohren eine Fraglichkeit:
ein künstliches, ein falsches Potpourri –
untäuschbar bleibt der Seele Agonie.

Was ist der Mensch, – die Nacht vielleicht geschlafen,
doch vom Rasieren wieder schon so müd,
noch eh' ihn Post und Telefone trafen,
ist die Substanz schon leer und ausgeglüht,
ein höheres, ein allgemeines Wirken,
von dem man hört und manches Mal auch ahnt,
versagt sich vielen leiblichen Bezirken,
verfehlte Kräfte, tragisch angebahnt:
man sage nicht, der Geist kann es erreichen,
er gibt nur manchmal kurzbelichtet Zeichen.

Nicht im Entferntesten ist das zu deuten,
als ob der Schöpfer ohne Seele war,
er fragt nur nicht so einzeln nach den Leuten,
nach ihren Klagen, Krebsen, Haut und Haar,
er wob sie aus Verschiedenem zusammen
das er auch noch für andere Sterne braucht,
er gab uns Mittel, selbst uns zu entflammen
– labil, stabil, labil – man träumt, man taucht:
schon eine Pille nimmt dich auf den Arm
und macht das Trübe hell, das Kalte warm.

Du mußt aus deiner Gegend alles holen,
denn auch von Reisen kommst du leer zurück,
verläßt du dich, beginnen Kapriolen
und du verlierst dir Stück um Stück.
Von Blumen mußt du solche wählen,
die blühn am Zaun und halb im Acker schon,
die in das Zimmer tun, die Laute zählen
des Lebens Laute, seinen Ton:
vermindert oder große Terzen –
ein Kältliches verstarrt die Herzen.

Die Blumen so –, dann zu Vergangenem
sich wendend oder Zukunft, wie sie wird,
da gehst du von Verschleiert zu Verhangenem,
einem Vielleicht zu einwandfrei Geirrt,
ein Hin und Her: einmal versiegte Güsse
und Noah strahlt, die Arche streift auf Land,
und einmal ist der Nil der Fluß der Flüsse,
Antonius küßt die braune, schmale Hand:
die Ruriks, Anjous, Judas, Rasputin
und nur dein eigenes Heute ist nicht drin.

Tiere, die Perlen bilden, sind verschlossen,
sie liegen still und kennen nur die See;
an Land und Luft: Gekrönte und Profossen –
noch eine Herme mehr in der Allee;
nur Äon schweigt, er hält die Perlengabe,
wo alles fehlt und alles zielt,
der Äon träumt, der Äon ist ein Knabe,
der mit sich selbst auf einem Brette spielt:
noch eine Herme mehr – man lasse sie,
auch sie führt zum Gedicht: Melancholie.
(1954)

Tristesse

Die Schatten wandeln nicht nur in den Hainen,
davor die Asphodelenwiese liegt,
sie wandeln unter uns und schon in deinen
Umarmungen, wenn noch der Traum dich wiegt.

Was ist das Fleisch – aus Rosen und aus Dornen,
was ist die Brust – aus Falten und aus Samt,
und was das Haar, die Achseln, die verworrnen
Vertiefungen, der Blick so heiß entflammt:

Es trägt das Einst: die früheren Vertrauten
und auch das Einst: wenn du es nicht mehr küßt,
hör garnicht hin, die leisen und die lauten
Beteuerungen haben ihre Frist.

Und dann November, Einsamkeit, Tristesse,
Grab oder Stock, der den Gelähmten trägt –
die Himmel segnen nicht, nur die Zypresse,
der Trauerbaum, steht groß und unbewegt.
(1954)

Das sind doch Menschen

Das sind doch Menschen, denkt man,
wenn der Kellner an einen Tisch tritt,
einen unsichtbaren,
Stammtisch oder dergleichen in einer Ecke,
das sind doch Zartfühlende, Genüßlinge
sicher auch mit Empfindungen und Leid.

So allein bist du nicht
in deinem Wirrwarr, Unruhe, Zittern,
auch da wird Zweifel sein, Zaudern, Unsicherheit,
wenn auch in Geschäftsabschlüssen,
das Allgemein-Menschliche,
zwar in Wirtschaftsformen,
auch dort!

Unendlich ist der Gram der Herzen
und allgemein,
aber ob sie je geliebt haben
(außerhalb des Bettes)
brennend, verzehrt, wüstendurstig
nach einem Gaumenpfirsichsaft
aus fernem Mund,
untergehend, ertrinkend
in Unvereinbarkeit der Seelen –

das weiß man nicht, kann auch
den Kellner nicht fragen,
der an der Registrierkasse
das neue Helle eindrückt,
des Bons begierig,
um einen Durst zu löschen anderer Art,
doch auch von tiefer.
(1954)

»Abschluß«

Nachts in den Kneipen, wo ich manchmal hause
grundlagenlos und in der Nacktheit Bann
wie in dem Mutterschoß, der Mutterklause
einst, welternährt, kommt mich ein Anblick an.

Ein Herr in Loden und mit vollen Gesten,
er wendet sich jetzt ganz dem Partner zu,
verschmilzt mit Grog und Magenbitterresten:
Sie streben beide einem Abschluß zu.

Ach ja, ein Abschluß, wenn auch nur in Dingen,
die zeitlich sind, besiegelbar durch Korn:
Hier ist ein Endentschluß, hier ist Gelingen,
sie saugen tief das Glas, sie liegen vorn –

mir steht ein Meer vor Augen, oben Bläue,
doch in der Tiefe waberndes Getier,
verfratzte Kolben, Glasiges – ich scheue
mich, mehr zu sagen und zu deuten hier.
(1955)

In einer Nacht

In einer Nacht, die keiner kennt,
Substanz aus Nebel, Feuchtigkeit und Regen,
in einem Ort, der kaum sich nennt
so unbekannt, so klein, so abgelegen,

sah ich den Wahnsinn alles Liebs und Leids,
das Tiefdurchkreuzte von Begehr und Enden,
das Theatralische von allerseits,
das niemals Gottgestützte von den Händen,

die dich bestreicheln, heiß und ungewaschen,
die dich wohl halten wollen, doch nicht wissen,
wie man den anderen hält, an welchen Maschen
man Netze flicken muß, daß sie nicht rissen –

ach, diese Nebel, diese Kältlichkeit,
dies Abgefallensein von jeder Dauer,
von Bindung, Glauben, Halten, Innigkeit,
ach Gott – die Götter! Feuchtigkeit und Schauer!

(1955)

Gedicht

Und was bedeuten diese Zwänge,
halb Bild, halb Wort und halb Kalkül,
was ist in dir, woher die Dränge
aus stillem trauernden Gefühl?

Es strömt dir aus dem Nichts zusammen,
aus Einzelnem, aus Potpourri,
dort nimmst du Asche, dort die Flammen,
du streust und löschst und hütest sie.

Du weißt, du kannst nicht alles fassen,
umgrenze es, den grünen Zaun
um dies und das, du bleibst gelassen,
doch auch gebannt in Mißvertraun.

So Tag und Nacht bist du am Zuge,
auch sonntags meißelst du dich ein
und klopfst das Silber in die Fuge,
dann läßt du es – es ist: das Sein.

(1955)

Menschen getroffen

Ich habe Menschen getroffen, die,
wenn man sie nach ihrem Namen fragte,
schüchtern – als ob sie garnicht beanspruchen könnten,
auch noch eine Benennung zu haben –
»Fräulein Christian« antworteten und dann:
»wie der Vorname«, sie wollten einem die Erfassung
erleichtern,
kein schwieriger Name wie »Popiol« oder
»Babendererde« –
»wie der Vorname« – bitte, belasten Sie Ihr
Erinnerungsvermögen nicht!

Ich habe Menschen getroffen, die
mit Eltern und vier Geschwistern in einer Stube
aufwuchsen, nachts, die Finger in den Ohren,
am Küchenherde lernten,
hochkamen, äußerlich schön und ladylike wie
Gräfinnen –
und innerlich sanft und fleißig wie Nausikaa,
die reine Stirn der Engel trugen.

Ich habe mich oft gefragt und keine Antwort gefunden,
woher das Sanfte und das Gute kommt,
weiß es auch heute nicht und muß nun gehn.
(1956)

Schumann

Wie bist du darauf gekommen,
wie kamen die Töne dir bei,
wo aufgestiegen, erglommen
F Dur, die Träumerei?

War es die Frühe, die leere,
in der die Träume vergehn,
oder war es die Nacht, die schwere,
in der die Träume geschehn?

Waren Stunden, tränenerbebende,
oder Stunden des Glückes dein –
eine alles-zusammen-erlebende
muss es gewesen sein,

noch heute sendet sie Streifen
aus Einst und Immer und Nie,
wenn wir im Radio greifen
F Dur, die Rêverie.
(1956)

Kann keine Trauer sein

In jenem kleinen Bett, fast Kinderbett, starb die Droste
(zu sehn in ihrem Museum in Meersburg),
auf diesem Sofa Hölderlin im Turm bei einem Schreiner,
Rilke, George wohl in Schweizer Hospitalbetten,
in Weimar lagen die großen schwarzen Augen
Nietzsches auf einem weißen Kissen
bis zum letzten Blick –
alles Gerümpel jetzt oder gar nicht mehr vorhanden,
unbestimmbar, wesenlos,
im schmerzlos ewigen Zerfall.

Wir tragen in uns Keime aller Götter,
das Gen des Todes und das Gen der Lust,
wer trennte sie: die Worte und die Dinge,
wer mischte sie: die Qualen und die Statt,
auf der sie enden, Holz mit Tränenbächen –
für kurze Stunden ein erbärmlich Heim.

Kann keine Trauer sein. Zu fern, zu weit,
zu unberührbar Bett und Tränen,
kein Nein, kein Ja,
Geburt und Körperschmerz und Glauben,
ein Wallen, namenlos, ein Huschen,
ein Überirdisches, im Schlaf sich regend,
bewegte Bett und Tränen –
schlafe ein!

6. I. 1956

JOACHIM DYCK

Wie ein deutscher Lyriker sich in seinem Land zurechtfindet und verliert

Bierkneipe und Hinterzimmer: Die literarische Produktion

»JETZT MÜSSEN WIR dem lyrischen Ich direkt ins Auge sehen. Welchen Wesens sind diese Lyriker, psychologisch, soziologisch, als Phänomen?«: Sie sind – entgegen der allgemeinen Auffassung – keine Träumer, antwortet Benn, sie sind Verwerter von Träumen, sie sind keine Ästheten, denn sie machen Kunst. Diese Sonderlinge, Außenseiter, Kleinbürger »mit einem besonderen, halb aus Vulkanismus und halb aus Apathie geborenen Drang« *(I 515)*, wo bringen sie ihre Rosenbilder und Fieberparadiese zu Papier, wo füllen sie die weißen Blätter mit den »tragischen Progressionen«, den Brüchigkeiten und Restbeständen, wo beginnt der Dichter die Dinge, wo macht er sie fertig? In der Kneipe:

> Du sitzt allein
> an kleinem Tisch, an abgeschlossenem Rund
> dicht an der Heizung, denn du liebst das Warme.
> Um dich das Menschentum und sein Gebarme,
> das Ehepaar und der verhasste Hund. *(Hör zu)*

So nimmt sich der Arbeitsplatz des Dichters Benn aus, mit diesem Ort vertauscht er regelmäßig abends seine Berliner Praxiswohnung in der Bozener Straße 20, um die Krisen seines Bewußtseins in Worte zu fassen: »Ich habe abends meistens Durst u. Unruhe u. gehe in eine Kneipe«, vertraut er Oelze am 15. November 1950 an, »da distanziert sich das Leben von mir u. wirft sich als Figuren an die Wände«. Das produktive Milieu ist banal, alltäglich, eine Bierstube nahe dem Bayerischen Platz, aber es dient einem doppelten Zweck: der Trennung

Bozener Straße 20, Berlin-Schöneberg

vom beruflichen Trott und dem Rückzug in die Isolation, ohne gleichwohl allein zu sein:

Im Nebenzimmer die Würfel auf den Holztisch,
benachbart ein Paar im Ansaugestadium,
mit einem Kastanienast auf dem Klavier
                    tritt die Natur hinzu –
ein Milieu, das mich anspricht.

Da versinken die Denkprozesse,
die Seekrankheit, die einem tagsüber
die Brechzentren bearbeitet,
gehn unter in Alkohol und Nebulosem –
endlich Daseinsschwund und Seelenausglanz!
(Notturno)

Hier macht sich das gesellschaftliche Leben breit, ohne daß man daran teilnehmen muß, hier beugt sich das Ich schweigend über sich selbst und seine ausdrucksuchende Substanz, in seiner Ecke kann der Dichter in der Öffentlichkeit verschwinden, seiner Alltagswelt ist er entkommen, niemand macht viel Aufhebens um ihn, die Kneipe ist der Raum des undramatischen Sich-selbst-Verlierens, »bei dem man nebenher von Erkenntnissen ereilt wird«, eine Stätte der Selbstbegegnung und des Zusammenseins mit anderen, das von keinen Ansprüchen und Interessen belastet ist, alles bleibt beiläufig.

»Sitze abends in meiner Bierkneipe – horribile dictu – u. notiere meine Einfälle« *(3,52):* Im Bierdunst dieser Umgebung wartet man nicht auf die erhebende Eingebung der Muse, sondern hier wird das Gedicht »gemacht«, die Worte einander zugeordnet, glückliche Zufallswürfe gibt es, aber »Genialität, die von etwas anderem ausgeht als den Mitteln, die ihr sich auszudrücken zur Verfügung stehen, ist Dilettantismus« *(I 389).* Der Kneipentisch ist Probierstein und Reagenzglas zugleich, er steht im Laboratorium für Worte, »hier modelliert, fabriziert der Lyriker Worte, öffnet sie, sprengt, zertrümmert sie, um sie mit Spannungen zu laden, deren Wesen dann durch einige Jahrzehnte geht« *(I 389).*

Damit das lyrische Ich die Worte leichter heranziehen kann und die »Südkomplexe« müheloser ins Bewußtsein treten, damit der kathartische Prozeß sich ungezwungener einleitet und der Körper nachgiebig wird für den Ausdruck, der ihm entsteigen soll, kann das anregende Getränk nichts schaden:

»Etwas Alcohol, leichtes Stimulans u. die Bilder kommen u gehn« *(2,103)*. Benn bevorzugte Bier, um es den Worten leichter zu machen und die privaten Reizzustände zu erhöhen:

Der Herr drüben bestellt sich noch ein Bier,
das ist mir angenehm, dann brauche ich mir keinen
Vorwurf zu machen
daß ich auch gelegentlich einen zische.
Man denkt immer gleich, man ist süchtig.
(Restaurant)

Benn liebte Pilsener, »köstlich, eiskalt – die Götter müssen aus Salz u. Durst bestehn, die so Unvergleichliches gaben!« Nietzsches Abneigung gegen Bier begegnet er mit Mißtrauen und kommt zu dem Schluß: »Wen Bier hindert, der trinkt es falsch« *(1,199)*. Und er setzt es sogar durch, daß in seiner Stammkneipe Becks Bier aus Bremen zur Ehre seines Freundes Oelze eingeführt wird: »Immer ein Glas auf Ihr Wohl!« *(3,131)*. Und den ersehnten Augenblick, in dem die »schaumgeborene« Flüssigkeit kühl prickelnd so lange die Kehle herunterstürzt, bis der Trinker absetzen und Luft holen muß, hat Benn in dem Gedicht *Aufatmen* genau beschrieben:

Spannungen, Zerfallenheiten
direkt pelzgefüttert
und dann sieht man:

– – »Zwei gesunde Schnäpse trinken
kalte
klaren Köhm
das Bier heben
soliden Blicks
schaumgeboren
unzerstört ohne
Irritationen
Zwischenstufen
Abbauprodukte,
reiner Abendausklang
musikmitwiegend
etwas muffig, aber
gebisssicher
undunstig
unschwitzig
rückentrocken

Mitte des Lebens,
Fleisch, das die Nacht durchsteht
schlafeingekränzt
reich behangen« – –

Aufamten!

Bis wieder die Verlustziffern
Spannungen
Zerfallenheiten
direkt pelzgefüttert. *(III 437)*

Daß der Dichter im Dunstkreis der Theke seinen Eingebungen nachhängt, mag befremden, wo bleiben die einsamen Spaziergänge und die Anregungen durch Park und Flur, wo die Rosenbuketts in schlanken Vasen? Rilke dichtete auf adligen Landsitzen, Schloß Lautschin und Herrensitz Duino, Hofmannsthals Schritte durch herrschaftliche Flügelsäle und Luxushotels wurden durch Orientteppiche gedämpft. In einem Brief an Alexander Lernet-Holenia hat Benn die Isolation in der Kneipe als Bestandteil seiner schöpferischen Methode gekennzeichnet:

> Ich sitze abends lieber allein in meinem Lokal, trinke, die Wände sind abgerückt, es ist mehr Kulisse da als in meiner Wohnung, das Radio spielt, erweitert noch die Szene, ich sehe die Dinge vor mir, lockerer, schattenvertiefter, manches verschlingt sich miteinander, meine Notizen rücken sich näher – auf was soll ich mich da noch beziehen? Publikum, Öffentlichkeit, Ruhm, Nation – alles ist irrelevant, in diesem Moment bin ich unsterblich. Es hat aber diese Einsamkeit überhaupt keinen kritischen Inhalt und keine metaphysische Vertretung, sie ist eine Methode, mit deren Hilfe man die Sachen... besser zustandebringt, als es durch Unterhaltung, Aussprache, Extroversion und gemeinsames Spazierenlaufen geschähe *(PA 483)*.

Benn schildert seinen Platz als einen Sessel im Theaterparterre, von dem aus er das gerade laufende Stück beobachtet, das Stück Lebenswelt des Großstadtbewohners, die »zivilisatorischen Realitäten«, Illustrierte und Radio, die die industrielle Produktion anpreisen und gleichzeitig für Entspannung sorgen, das Nebeneinander serieller Glücksverheißungen und individueller Gefühlsansprüche:

> Heute noch in einer Großstadtnacht
> Caféterrasse
> Sommersterne,

vom Nebentisch
Hotelqualitäten in Frankfurt
Vergleiche,
die Damen unbefriedigt
wenn ihre Sehnsucht Gewicht hätte
wöge jede drei Zentner. *(Teils-teils)*

»Insbesondere zeigt sich in Kneipe und Café, wie das Zusammensein der Menschen in der Großstadtwelt aussieht und wie sich der Einzelne dabei befindet. ›Es bestehen überhaupt keine Beziehungen zwischen ihnen außer Bar und Allerseelenabend‹, sagt Benn von den vier Personen in W. H. Audens ›Zeitalter der Angst‹. Bar – das ist für ihn die Reduktion der ›menschlichen Gemeinschaft‹ auf das bloße physische Beisammensein, das wechselseitige Sich-Darstellen von Menschen, die füreinander nicht mehr als ein optischer Reiz, als zivilisatorische Fassade und erotisches Signalsystem sind; das ist das Miteinander-Reden als Kettenreaktion von ›Hohlechos‹ – mit einem Wort: die Beziehung der Beziehungslosigkeit.« Das lyrische Ich schaut sich um, und was sich seinen Blicken darbietet, ist nicht eben viel:

Meist nachts und du bist schon lange
in vagem Säusel und nickst
zu fremder Gäste Belange,
durch die du in Leben blickst.
Und diese Leben sind trübe. *(Destille)*

Es ist das Leben von der Stange, das sich abends entspannt, Trivialitäten, die Welt ist auseinandergebrochen, das bürgerliche Individuum nur noch ein Phantom, ein einheitliches Weltgefühl vermag sich nicht mehr einzustellen, Broterwerbler zwecks Regelung des Tagesablaufs und der Bekleidungsmöglichkeiten:

Ein Herr in Loden und mit vollen Gesten,
er wendet sich jetzt ganz dem Partner zu,
verschmilzt mit Grog und Magenbitterresten:
Sie streben beide einem Abschluß zu. *(»Abschluß«)*

In diesem Milieu kann der Dichter Benn wieder radikal sein, er schließt an seine expressionistische Lyrik an und bringt die Klage über den Zustand der zivilisierten Welt, die er vor und neben sich sieht, in die Form der Großstadt- und Bewußt-

»Nur der Bayerische Platz ist mein Zuhause.« *(3,117)*
An seiner Ostseite befand sich Benns Stammlokal »Flint«

seinspoesie. »Der bisherige Mensch ist zu Ende, Biologie, Soziologie, Familie, Theologie, alles verfallen und ausgelaugt, alles Prothesenträger« *(PA 470)*. Deswegen wird der Zukunftsstil ein Roboterstil sein, Montagekunst, schrieb Benn 1950 in »Doppelleben« und Freund Oelze erklärt er: »Den Menschen giebt es gar nicht mehr, er wird zusammengesetzt aus Redensarten, verbrauchten Floskeln, ausgewetztem Sprachschatz, alles steht gewissermaßen in Anführungsstrichen – und das Seltsame ist: es wirkt auf Sie gewissermaßen echt« *(2,225)*.

Diesen Bedingungen muß sich der Stil anpassen, die Darstellung des modernen Menschen kann keine kontinuierliche Psychologie mehr zeigen, die alten Seelenkrämpfe und Herzensschmerzen gehören dem altmodischen Roman an. In dieser Gattung läßt sich die Zwangswelt des 20. Jahrhunderts, die von naturwissenschaftlichem Denken und kapitalistischem Handeln geprägt ist und die der Einzelne als ein »Chaos von Realitätszerfall und Wertverkehrung« *(IV 387)* erlebt, nicht mehr fassen. Die Lebensgeschichte des Individuums bleibt auf der Strecke, die sozialen Beziehungen sind nicht mehr als eine Fiktion, die hehren Gefühle der Innenwelten, die personalgebundenen Gemütslagen sind bestenfalls noch archetypische Phänomene: »Was sind Beziehungen – ach alles ist möglich; Kummer und Tränen – ja sowas gibt's« *(IV 12)*.

Unter diesen Voraussetzungen kann Kunst nicht mehr »schön« und Lyrik nicht mehr »heilig und groß« sein. »Vergessen Sie nicht«, so der Ratschlag an Oelze, »die edle einfältige Lyrik fasst das Heute in keiner Weise. Selbst Wiegenlied, selbst Orplid wären, ins Heute projiziert, nicht ehrlich u. echt.

Am Schreibtisch in der Bozener Straße

Wir sind böse u zerrissen u. das muss zur Sprache kommen« *(3,54)*.

Die abendlichen Stunden im Fuseldunst am angestammten Kneipentisch, während derer das lyrische Ich, zermürbt und leicht berauscht, Einfälle aufschreibt, sich dabei beobachtet (was Benn als einen besonderen Zug der modernen Kunstproduktion herausgestellt hatte) und sich ohne Rücksicht auf Schulbuchfähigkeit seinen Ausdrucksversuchen widmet, sind aber nur ein vorbereitender Teil im Gesamtprozeß, an dessen Ende das Gedicht, tippfehlerfrei mit der Maschine geschrieben, steht. Die Reminiszenzen, Notizen und Wortpostillen, »durch die die Zeit sich spreizt als Gegenwart« *(III 301)* werden nach Hause gebracht, an einen zweiten Tisch, der im Ordinationszimmer des Arztes für Haut- und Geschlechtskrankheiten steht:

> Ich verfüge nur über ein Zimmer für meine ärztliche Praxis und meine Schriftstellerei. Auf diesem Schreibtisch (73 cm zu 135 cm) liegen große Bündel von Briefen (die ich nicht beantwortete), von zugesandten Manuskripten (die ich noch nicht las), von Zeitschriften, Büchern, Probesendungen von Medikamenten, Stempelkissen (für die Rezepte), drei Kugelschreiber, zwei Aschbecher, ein Telefonapparat. Es ist eigentlich kein Raum zum Schreiben da, trotzdem ermögliche ich es durch Fortschieben der Massen mit Hilfe der Ellenbogen. Hier kritzele ich mit einer schwierigen Handschrift, die ich selber nicht lesen kann *(PA 487)*.

Die Wohnung in der Bozener Straße 20, in der Benn seit 1937 wohnt, dicht am Bayerischen Platz, liegt im Erdgeschoß, das Zimmer geht auf den Hof. Er blickt auf eine Kaninchenbucht mit einem weißen Kaninchen, auf Wäscheleinen, auf Hortensien, von denen Benn öfters schreibt, daß sie bis November blühen: Der Abschluß des Hofs »wird gebildet von der gegenüberliegenden Häuserhinterfront, grau, abgemörtelt und zerfallen. Es ist ein Zimmer, und es ist ein Schreibtisch, von dem sich schon mancher gebildete Mensch mit Erstaunen abwandte« *(PA 487)*. Zurückgezogen in die Dämmerung dieser vier Wände werden die Fragmente des Vorabends überarbeitet, ergänzt. Benn hat einen geregelten Tagesablauf. Um halb zehn sitzt er am Schreibtisch bis zur Praxiszeit (11 bis 12), nachmittags vom Kaffee bis zum Abendspaziergang (14.30 bis 16.30 Uhr), die Strophen werden korrigiert, die Feile angesetzt. Dieses Bild stammt aus der »Ars poetica« des römischen Dichters Horaz, die für die europäische Poetik stilbildend geworden ist: Seiner Meinung nach muß der Einfall, der inspirativ gesetzte Text durch das kritische Urteil in Schach gehalten werden, erst die Mühsal handwerklicher Arbeit läßt ein vollendetes Gedicht erwarten: »Wer sich zu dichten erkühnt, der setze mir zart und bemessen Wort nach Wort und wähle mir Dies und weigere Jenes.«

Dem inspirativen folgt der kritische Vorgang. Der Einfall, das »südliche Wort« einerseits, andererseits das »Kunstprodukt«, mit dem sich die Vorstellung von Bewußtheit, kritischer Kontrolle, Artistik verbindet:

> Immer wieder fühlen Sie an ihm [dem Gedicht] herum, am einzelnen Wort, am einzelnen Vers, Sie nehmen die zweite Strophe gesondert heraus, betrachten Sie, bei der dritten Strophe fragen Sie sich, ob sie das missing link zwischen der zweiten und vierten Strophe ist, und so werden Sie bei aller Kontrolle, bei aller Selbstbeobachtung, bei aller Kritik die ganzen Strophen hindurch innerlich geführt – ein Schulfall jener Freiheit am Bande der Notwendigkeit, von der Schiller spricht... Irgend etwas in Ihnen schleudert ein paar Verse heraus oder tastet sich mit ein paar Versen hervor, irgend etwas anderes in Ihnen nimmt diese Verse sofort in die Hand, legt sie in eine Art Beobachtungsapparat, ein Mikroskop, prüft sie, färbt sie, sucht nach pathologischen Stellen *(I 506 f.)*

Benn hat den Begriff der Artistik definiert als den Versuch, gegen den allgemeinen Nihilismus der Werte eine neue Transzendenz zu setzen: »Die Transzendenz der schöpferischen Lust.« Ein großes Wort für eine Sache, die in der europäischen Literaturtheorie seit der Antike keinesfalls so neu und grundsätzlich war, wie Benn seinen Hörern weismachen wollte, als er ihnen am 21. August 1951 in der Marburger Universität die

Das dunkle Hinterzimmer
»Das Hinterzimmer ist natürlich schlimm und meine Frau will durchaus in eine größere Wohnung ziehn, aber für die Unterhosen im Hof können wir nichts. Ich persönlich bin ja völlig unabhängig von solchen Exterieuren u. liebe Parterre – und Dunkelheitsräume.« (*2,131*)

Probleme der Lyrik vortrug. Dieser Vortrag, der, wie seit vielen Jahren glaubhaft versichert wird, für die Generation der 50er und 60er Jahre zu einer »Ars poetica« geworden war, und der vor allem auch den Segen des romanistischen Literaturpapstes Ernst Robert Curtius hatte, ist eine Komplilation, die sich bis ins Detail auf Ideen stützt, so wie sie von Marinetti, Valéry, T.S. Eliot oder Eluard schon wiederholt vorgetragen wurden. Spontaneität und kritische Reflexion, Inspiration und Arbeit, Eingebung und skeptische Nüchternheit, das sind Gegensatzpaare, die in der europäischen Poetik und Rhetorik seit Cicero und Horaz geläufig sind und deren Geschichte Benn bei Curtius selbst hätte studieren können, dessen »Europäische Literatur und lateinisches Mittelalter« 1949 erschienen war. Der Marburger Vortrag konnte nur einem Laienpublikum wegweisend erscheinen: Hätte es sich mit Curtius beschäftigt oder gar mit der Literaturtheorie der deutschen Romantik, so wären ihm ganze Partien des Bennschen Vortrags weniger wegweisend erschienen: »Träumen und Nichtträumen zugleich, synthetisiert, ist die Operation des Genies, wodurch beides sich gegenseitig verstärkt«, eine Maxime des Romantikers Novalis, der Benn sicher Beifall gezollt hätte.

Dabei hat Benn den Vorgang des Dichtens keineswegs mystifiziert, abseits von den programmatischen Äußerungen eher leichtfertig über seine Produktion gesprochen, Dichten auch als ein Experimentierfeld empfunden:

> Was die mitgegebenen Gedichte angeht, so muss man auch gelegentlich mittelmässiges machen, es wirkt innerlich in einem als Sprungbrett für Besseres. Man steckt die Krallen in den Sand, wo man gerade liegt, u es ist nicht immer Rubin drin, nicht mal Bernstein *(3,40)*.

Dichten ist auch ein Vorgang des kontinuierlichen Versuchs, »man muss werfen, einmal trifft man. Wenn man Verse macht, kommt man auf Verse« *(1,69)*. Ein geradezu sportlicher Ratschlag, aber auch er vorgebildet in der europäischen Reflexion über den Dichtungsvorgang: Zu Genie und Urteilskraft gesellt sich dauernde Übung. Die hier von Benn empfohlenen Exerzitien müssen durch eine zusätzliche Arbeit ergänzt werden: Exzerpte von Einfällen, Wörtern, Ideen: »Ich hatte seit je so gelebt, daß ich mir ein großes Gehirn machte durch Lektüre, Notizen und mittels Gedächtnisstützen« *(II 234)*, »mit Notizen tastet sich der Blinde in die neue Dunkelheit hinein« *(1,77)*.

Benns Texte sind durchsetzt mit Zitaten, die das gelehrige Gehirn aus Quellen sammelt, aus Büchern abschreibt, aus dem Radio notiert, in barocker Manier als Lesefrüchte zusammenträgt: »Den ›kleinen Killerstall‹ (von Max Blesgen) habe ich mir zur gelegentlichen Verwendung ins Notizbuch geschrieben«, schreibt er Ostern 1949 an Frank Maraun, »meine Frau sagt schon sowieso immer, alles, was ich schreibe, ist purer Schwindel, abgeschrieben und zusammengesucht, nichts Eigenes dabei« *(AB 147)*. Man kann es auch freundlicher sagen: »Es kann lange dauern, bis etwas fertig ist. Die Produktion des Lyrikers ist selten strömend, vielmehr häufiger stockend und voll Unterbrechungen« *(IV 297)*.

Dabei nennt Benn seine Quellen selten, manchmal ist er sogar unsicher, ob ein Satz, den er sich notiert hat, von ihm selbst stammt oder nicht. Wörtliche Übernahmen, Anspielungen, Selbstzitate: Benns Dichtungen sind »Momentaufnahmen aus dem Katastrophenalltag der Moderne – nichts ist erfunden, alles wird ›zitiert‹«. In der »Finallage« erlebt der Entwicklungsgedanke seinen Kältetod, die Geschichte erstarrt: »Von dieser Seite aus kommt auch meine Tendenz, die ›Geschichte‹ sachlich zu bagatellisieren und sie nur noch als Reservoir für Bilder, Ausdrucksexzesse und ästhetische Gruppierungen zu verwenden und gelten zu lassen. Daher meine wiederholte Frage: ›ist Denken Zwang?‹« *(AB 174 f.)*.

Mit dem Begriff »Zwang« ist das Stichwort für die seelische Bewegung gegeben, die als Triebkraft der Produktivität angesehen wird: »Ich schreite meinen Kreis ab, ich arbeite, ich suche Worte, ich drücke mich aus. Vierzig Jahre unter Zwang, einem Zwang, nach dessen Wesen ich allerdings vergeblich fragte« *(IV 166)*. Und noch 1951 schreibt er: »Wo, wann, was die Produktion in Bewegung bringt, ist wohl doch schleierhaft. Dies ganze Gebiet wird mir überhaupt immer rätselhafter, ich könnte auch sagen fragwürdiger« *(3,85)*. Der Ruhm und die einsetzende wissenschaftliche Beschäftigung mit dem Werk Benns führt zu Anfragen auch nach der Produktivität, und in einem Brief an Dieter Wellershoff faßt der Dichter seine Erfahrungen mit dem Schreiben dann noch einmal zusammen:

> Natürlich hatte man Vorbilder, die einem vorschwebten, natürlich bewegten einen innere Strebungen, natürlich hatte man Notizen von Dingen und Sätzen, die einen aus irgendeinem Anlaß einmal erregten, aber der Ablauf beim Schreiben dann war völlig unter Zwang. Man fühlte, das nächste Wort *muß* so viel Silben haben, es muß beladen sein mit Glanz oder Abstieg oder Trauer... Es ist ein Vorgang von ausgesprochen katarrhischem Charakter, es ist ein Eliminationsprozeß, ein Durchgang von panischen Insulten und Bedrängungen, ein phallischer Prozeß mit dem Ziel, Spannungen zu beseitigen und produktive Füllungen zu applanieren *(AB 202)*.

Benn brachte die Sätze, die sich in seiner Vorstellung bildeten, in einer ihm selbst fast unleserlichen Handschrift zu Papier. Um also den Dichter mit der Öffentlichkeit zu versöhnen, war ein abschließender, ein dritter Akt im Produktionsdrama vonnöten. Er fand auf dem Mikroskopiertisch statt, auf dem auch eine Schreibmaschine stand: »Der entscheidende Tisch ist der mit der Schreibmaschine, nur das maschinell Geschriebene ist dem Urteil zugängig, bereitet das Objektive vor, die Rückstrahlung vom einfallsbeflissenen zum kritischen Ich« *(PA 487)*. Stehen die Verse als Typoskript auf dem Papier, dann sind sie fertig, das Gedicht kann aus der Hand gegeben und in die Warenwelt aufgenommen werden. Damit ist es der Kritik und der Interpretation freigegeben, den Berufskritikern und den germanistischen Berufsdeutern ausgeliefert, die nun wiederum ihr Geld durch das Schreiben über das Gedicht verdienen. Nichts wird mehr geändert, alles ist vollendet, dem öffentlichen Urteil zugänglich.

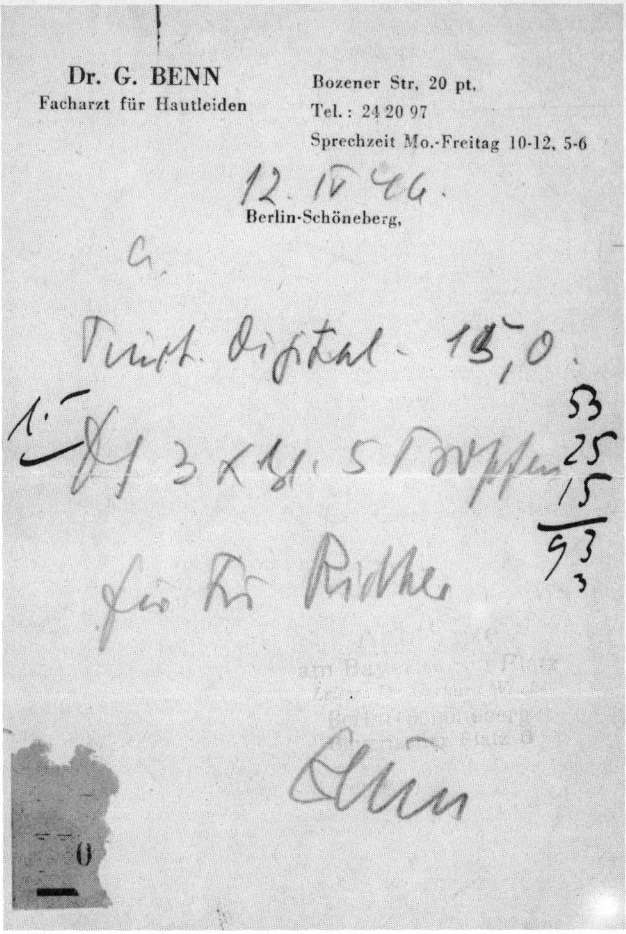

Dr. G. BENN
Facharzt für Hautleiden

Bozener Str. 20 pt.
Tel.: 24 20 97
Sprechzeit Mo.-Freitag 10-12, 5-6

Berlin-Schöneberg,

Rezept von Dr. Benn

Natürlich gibt es Varianten, aber es handelt sich um Kommas, Gedankenstriche, mal »Euphraththrone« statt »Euphratthrone«, »ähnlich« statt »ähnelnd«, aus dem »Gespaltenen Ich« wird das »Verlorene Ich«. Marginale Änderungen.

Mit Brief vom 28. Juli 1936 sendet Benn an Oelze jedoch ein Gedicht mit dem Titel »Drei«:

Drei.

Auf *deine* Lider senk' ich Schlummer,
auf *deine* Lippen send' ich Kuss,
indessen ich die Nacht, den Kummer
den Traum alleine tragen muss.

Um *deine* Züge leg' ich Trauer,
um *deine* Züge leg' ich Lust,
indess die Nacht, die Todesschauer
weben allein durch meine Brust.

Du, die zu schwach, um tief zu geben,
du, die nicht trüge, wie ich bin –,
drum muss ich abends mich erheben
und sende Kuss und Schlummer hin.

Um für den Leser deutlich zu machen, daß es sich um zwei Personen handelt, die das lyrische Ich anspricht, hatte Benn das *»deine«* jeweils unterstrichen. Es hätte beim Lesen eine besondere Betonung verlangt, das »du« der Zeile 9 richtete sich an die eine, das der Zeile 10 an die andere Person, das lyrische Ich also mit seinen beiden Angesprochenen.
Der biographische Hintergrund des Gedichts ist ein Bennsches Lebensproblem, das Verhältnis zu zwei Frauen. Es führt nicht weit, wenn sich herausstellte, daß Tilly Wedekind und Ellinor Büller-Klinkowström gemeint sind oder auch zwei Freundinnen, über die Benn am 1. Oktober 1935 an Oelze schreibt:

> Wie schon öfter in meinem Wandel: zwei Freundinnen. Eine reines Blond mit allem Zubehör; eine Schwarz mit allem Drum u. Dran... Die eine verdient 300 M. im Monat, die andere 450 M., Abteilungsleiterinnen im Warenhaus. 3-4 mal sich treffen – und dann Erotik, das natürlichste von der Welt. Oft in meiner Vergangenheit hat es sich so getroffen: mit beiden gleichzeitig, es ist Blödsinn, dass die Frau uns alleine will *(1,74)*.

Der Komponist und Kapellmeister Manfred Gurlitt aber, ein Freund von Oelze, deutete das »Du« als *eine* angesprochene Person. Benn zeigte sich überrascht, aber durchaus einverstanden, die Korrektur leuchtete ihm in:

> Sonderbar mit dem Gedicht! Es war über 2 Frauen gemacht u. Gurlitt machte *eine* daraus u. es wirkt besser, ruhiger, geschlossener. Ja in der Tat: ich werde den Titel ändern u. sagen: »Auf deine Lider senk ich Schlummer.« Bitte schreiben Sie mir Ihr Urteil über diese Änderung. Muss es an *zwei* Frauen sein? Wäre eine drollige Beweisung dafür, wie sehr bei Kunstmachung etwas ganz anderes herauskommt als »gemeint« war, soweit es einer Beweisung bedürfte *(1,138)*.

Mit seiner Frau Ilse

Dieses kurze Dossier über die Verbesserung eines Benngedichtes durch einen Kapellmeister hat aufklärerischen Wert: Benn war Kritik durchaus zugänglich. Oelzes Vorbehalt gegenüber seinen Gedichten nach 1945, der »Bremer Ästhetizismus«, war ihm zu altbacken:

> Mir ist das Schnoddrige u. Kaltschnäuzige nicht so desagréable wie Ihnen. Es ist eine Nuance der großen Desillusionierung, die ich selber ja so gerne betreibe u. die, wie ich glaube, mich stilistisch erzogen hat. In einer Almhütte bilden sich Geschwülste u. am Steinhuder Meer kein Stil, aber in diesem gemeinen Berlin streift sich manches Sentimentale ab, es macht fit u. sec *(2,91)*.

Gelegentlich abschätzige Äußerungen über die Handwerklichkeit und Mechanik des dichterischen Prozesses (»wie primitiv ist eigentlich diese ganze Dichterei!« *2,258*) erwähnt Benn in den letzten Jahren auch von seiten einer Frau. Das Gedicht *Blaue Stunde* ist ihr offenbar zu sentimental: »Sehr schön – bester Walther von Hollander« *(3,44)*, im übrigen ist sie der Meinung, daß Benn das Wort »Rosen« genug strapaziert habe

(»Meine Frau hat mir verboten, noch in einem Gedicht das Wort Rosen zu verwenden, – schade, es ist ein so schönes Wort« *3,46*) und bedenkt die lyrische Produktion des Jahres 1950 (*Reisen, Restaurant, Der Dunkle, Satzbau* etc.) mit dem krassen Urteil, das Benn durchaus akzeptiert:

> Meine Frau hat aus Anlass meiner letzten Gedichte wieder ein erschrekkend wahres Wort gesagt: »man sieht, dass in dir nichts mehr drin ist und nichts mehr draussen« – es wird stimmen. Die Leere! *(3,50).*

Benn war in der Kritik seiner Produktion gegenüber keineswegs selbstmitleidig. Mal nennt er ein Gedicht »banal« *(2,101),* die Strophen *Spät im Jahre* (1936) findet er wegen der Wiederholung des Wortes »Blick« »etwas morsch« *(1,155).* Oft spricht er selbstironisch vom »gleissnerischen Pfauenrad«, das er wieder geschlagen habe *(2,163),* manche Strophen der frühen Zeit kommen ihm »etwas leicht u. dünn vor« *(2,191).* Das Gedicht *Überblickt man die Jahre* gefällt ihm nicht, »sein Pessimismus ist mir zu trivial und leierkastenmäßig« *(2,198).*

Welches Bild von gelungener Lyrik hat Benn vor seinem inneren Auge, mit welchem Maßstab reagiert er auf Kritik und Selbstkritik? »In Anbetracht des unvergleichlichen Gewichts, das Worte im Gedicht haben, muß man meiner Meinung nach jedes einzelne so intensiv, ja körperlich, auf sich wirken lassen und sie so prüfen« *(IV 328).* Diese Prüfung bestehen drei Gedichte, die Benn während seines Lebens immer wieder gelesen und immer bewundert hat, das *Lied der Parzen* von Goethe, *Das Glück* von Schiller und das Sonett LX von Platen (*Wer wußte je das Leben recht zu fassen*). Diese Strophen haben seine uneingeschränkte Bewunderung, und, nach der Begründung dafür gefragt, nennt er den vermessenen Wunsch, sie selber verfaßt zu haben: Es sind diejenigen Kunstgebilde, die wegen ihrer Makellosigkeit dem Leben gegenüber Ewigkeitswert haben.

An anderen erstrangigen Gedichten der deutschen Sprache weiß Benn etwas auszusetzen. Mörikes *Gesang Weylas* reizt ihn zu dem Einwand, er wisse nicht, wer Weyla sei, ein ziemlich schwaches Argument angesichts der »hodenlosen Schalaputenleiche« *(Bolschewik)* oder der »Kynoskephalenschar« *(Sät dich der Traum in die Weite),* die er selbst bemüht, um die Leser einzunebeln, gegenüber diesen mythologischen Rätseln ist Mörike begrifflich geradezu ein Mann der Aufklärung.

An Hölderlins *Hälfte des Lebens* stört ihn ein »und«, das »die holden« »trunkenen« Schwäne verbindet, an Conrad Ferdinand Meyers »fast unverzeihlich schönem Gedicht ›Lethe‹« bemängelt er die Klischees »in trotzgem Liebesdrange« und »in wildem Harme«, beidemal seien es die Adjektiva, die starr und übertrieben wirkten, »nämlich nicht eingeschmolzen in die tiefe Melancholie des Ganzen, nicht abgestimmt auf die unendliche Trauer dieses lyrischen Traums« *(IV 328)*. Benns Antipathie gegen Adjektiva setzt sich durch, ein stilbildender Ratschlag an die Kollegen, den er von Sternheim übernimmt: *»Streichen Sie die Adjektiva!* Ein Wort, das die wirkliche ästhetische Lage von heute blendend erhellt« *(AB 173)*.

Wer nimmt solche Ratschläge vom strengen Altmeister nicht gern zu Herzen, hier ergibt sich das kritische Urteil aus der eigenen künstlerischen Erfahrung, darauf kann man bauen. Oder auch nicht. Denn vier Wochen vor der Kritik an den »Heiligtümern der Lyrik« *(IV 327)*, im November 1952, besprach Benn eine Gedichtsammlung, die nach ihrem Erscheinen Furore gemacht und innerhalb eines Jahres vier Auflagen erreicht hatte: »Ich schreibe mein Herz in den Staub der Straße« (Eugen Diederichs Verlag 1952). Eine Probe (S. 7):

Ich sage Gobi und ich sage Sahara
ich sage Eismeer und sage Hawai.
Katarakte der Sehnsucht,
die nie verstummen.
Schweflige Blüten trockner Kakteen.

Benn sparte nicht mit großem Lob: »Wunderbar zarte, gedämpfte, melancholische Verse, Wanderverse eines Soldaten, der durch viele Länder kam« *(IV 315)*. Der Autor war unbekannt. Er hieß George Forestier und blieb, wie eine Verlagsnotiz zu Ende des Bändchens auf Seite 48 auswies, als Fremdenlegionär in Indochina verschollen. »Er selber sah seinen Ruhm nicht mehr«, schreibt Benn, »auch nicht dessen ersten lockenden Schein«.

Weit gefehlt, der Autor sah den Ruhm sehr wohl. Denn wie sich bald herausstellte, war er quicklebendig und arbeitete als Lektor im Verlag dieser Gedichtsammlung, die erfundene Geschichte sollte den Erfolg schüren. In jugendbewegten Kreisen hielten sich manche Strophen noch etwas, bald war die Sensation vergessen.

Benn konnte natürlich nicht ahnen, daß es sich um eine Fälschung handelte. Er fühlte sich persönlich berührt durch eine Bemerkung in der biographischen Notiz: »Seine letzten

Verse finden sich zwischen Gedichtblättern Gottfried Benns in einer kleinen schmutzigen Kladde, die er einem Kameraden übergibt, bevor seine Truppe im Herbst 1951 erneut in Marsch gesetzt wird. Seit diesem Zeitpunkt fehlt von ihm und seiner Vorpostengruppe jede Spur«.

Ab 1950 stand Benns Stern schon wieder hoch am Horizont. Er war einer ans parodistische grenzenden Imitation seines eigenen Stils aufgesessen, er beurteilte gewissermaßen den schwachen Abglanz seiner eigenen Mühen um das moderne Gedicht. Benn war, was die Wirkung seiner Lyrik angeht, immer bescheiden und erwartete kein großes Echo. Und wer wird sich sein kritisches Urteil nicht durch die Rührung darüber trüben lassen, als Dichter am Ende der Bahn den jüngeren Kollegen noch mit eigenen Versen in den Tod begleitet zu haben?

Pariser Platz 4:
Die politische Versuchung

ZUM BEWEIS DAFÜR, daß kein Staat je etwas für die Kunst getan hat, verwies Benn 1927 auf historische Beispiele, auf Heine, Nietzsche, Kleist, Rilke oder Hölderlin, den »billig erworbenen Nationalbesitz, vierzig Jahre Irrsinn zu Lasten seiner Mutter«, und ließ kein gutes Haar an einer Institution wie der Preußischen Akademie der Künste:

> Der Staat, immer bereit zu dem Geschwätz, daß die Nation sich aus inneren Kräften erneuere, hat der Kunst gegenüber keine andere Geste als die, die vom Fehlgriff lebt. Er beruft eine Akademie: zwei oder drei Konzessionslose, die unübersehbar sind, aber dann die Masse der Schieber, die flüssigen Epiker, die Rülpser des Anekdotenschleims, die psychologischen Stauer von Mittelstandsvorfällen, Schund und Schmutz, nicht harmlos erotisch, aber produktiv verderbt. *(I 44f.)*

Fünf Jahre später gehörte Benn selbst zu dieser »Auslese«, die sich in der Preußischen Akademie der Künste, Sektion Dichtkunst, zusammengefunden hatte, und die Berufung in dieses erlauchte Gremium, das am Pariser Platz 4 in Berlin residierte, bedeutete für ihn die größte Genugtuung seines bisherigen Lebens. Oskar Loerke ruft ihn am Wahltag, dem 29. Januar 1932 an, »er freute sich ungeheuer über die Wahl«.

Die Aufnahme in dieses Konsortium meist zweitrangiger Dichter kann man nicht bedeutsam genug einschätzen: Sie brachte Benn in eine Versuchungssituation, ohne sie wäre es »niemals zu dem vorübergehenden Anschluß Benns an das Dritte Reich und seine umstrittenen Schriften der Jahre 1933/34 gekommen«.

Zum ersten Mal und spät genug hatte der notorische Außenseiter »Aufnahme bei der Gruppe, beim Volk, bei der Zeit« *(I 116)* gefunden, zum ersten Mal wurde er im Kreise von bereits gesellschaftlich anerkannten Kollegen ehrenvoll bestätigt und in einem Gremium zur Mitarbeit gebeten, das an den höchsten kulturellen Entscheidungen des Staates teilnahm. Dieses Erlebnis mußte »das preußische Pflichtgefühl, die aristokratische Verantwortlichkeit und den konstruktiven Ordnungswillen seines Geistes außerordentlich stimulieren. Ein lang zurückgestauter Sozialisationstrieb und der Wunsch, *seinen,* den ihm gemäßen Beitrag für die lange geschmähte Gesellschaft zu

Pariser Platz 4, Sitz der Akademie

leisten, fanden endlich ein Betätigungsfeld«: Ein lang gehegter, wenn auch unbewußter Wunsch Benns war Wirklichkeit geworden.

Allerdings verwandelte sich diese öffentliche Anerkennung in ein Danaer-Geschenk, denn sie wurde ihm auf dem Höhepunkt der Krise der Weimarer Republik zuteil und verlangte von ihm Stellungnahmen in der akademischen Öffentlichkeit, die plötzlich politische Verbindlichkeit hatten. Als sich das neue Regime genau ein Jahr nach Benns Zuwahl etablieren konnte, und es darum ging, dem Willen der neuen Herren nachzukommen, kam die Preisgabe der eben erreichten gesellschaftlichen Integration und Anerkennung für ihn nicht in Frage, und er versuchte sich diese zu erhalten, indem er die »Autonomie der Kunst« verteidigte und die Selbständigkeit der sie garantierenden Institution zu wahren versuchte. In einem Brief an Johannes Weyl vom Oktober 1946 hat er diese Situation so erklärt:

> Ich konnte mich dieser Mitarbeit [an der Akademie] garnicht entziehen, da es damals ja noch eine große Ehre war, zur Akademie zu zählen, da ferner die Dinge auch alle noch ein völlig anderes Gesicht hatten, keine Judenausschlüsse vorlagen und selbst der Skeptischste die Ansicht haben konnte, die emigrierenden oder zunächst ablehnenden Mitglieder könnten bei der Akademie gehalten werden, bzw. ihre Tradition wäre zu retten, d. h., die Nazis könnten in ihren noch keineswegs enthüllten Plänen zu beeinflussen sein *(LP 171)*.

Vor allem vertrat Benn eine Position, die den Gedanken der »konservativen Revolution« eines Moeller van den Bruck, Oswald Spengler, Rudolf Pechel, Carl Schmitt nahestand. »Den weitesten, aber auch den klarsten Nenner einer Gemeinsamkeit zwischen Benn und dem neukonservativen Geist findet man in einer Reihe typischer Synthesen, Antihaltungen und Angriffsrichtungen, die am Ende der Weimarer Republik geradezu epidemisch auftraten. Es sind Synthesen von Links und Rechts, Nationalismus und Sozialismus, Konservativismus und Revolution, Untergangserwartung und Aufbruchstimmung, Nihilismus und heroisch-tragischer Lebenshaltung, Modernefeindschaft und Mittelalterberufung, Elitebewußtsein und Gemeinschaftsdenken, Geist und Mythos. Diese Synthesen waren fast ausnahmslos verbunden mit einer heftigen Ablehnung des angeblich liberalen, ›naturwissenschaftlichen‹, kausal-mechanistischen, materialistisch-positivistischen 19. Jahrhunderts, der Französischen Revolution und ihrer Ideen und Errungenschaften, also der Aufklärung und ihrer Nachgeschichte in toto, verbunden auch mit einem antizivilisatorisch und lebensphilosophisch geprägten Antirationalismus, Antikapitalismus, Antiliberalismus, Antiparlamentarismus, Antidemokratismus, Antikommunismus und ähnlicher Antis mehr«. Allerdings: Der im Kielwasser dieser Ideen segelnde Antisemitismus fehlt Benn völlig, schon aus diesem Grunde ist er mit dem Begriff »nationalsozialistischer Literat« (H. Kesten) schlecht bedient.

Aber den Nazis ging es nicht um *diese* konservative Revolution, sondern um die Übernahme der Macht zur Errichtung eines terroristischen Systems. Der sogenannte »Röhm-Putsch« am 30. Juni 1934, bei dem die SA-Führung und Persönlichkeiten der Jungkonservativen liquidiert wurden, ist für Benn (wie etwa auch für Spengler) die entscheidende Zäsur für die Abwendung vom »Neuen Staat«. Am 27. August 1934 schreibt er an Ina Seidel:

> Ich lebe mit vollkommen zusammengekniffenen Lippen, innerlich u. äußerlich. Ich kann nicht mehr mit. Gewisse Dinge haben mir den letzten Stoß gegeben. Schauerliche Tragödie! Das Ganze kommt mir allmählich vor wie eine Schmiere, die fortwährend »Faust« ankündigt, aber die Besetzung langt nur für »Husarenfieber«. Wie groß fing das an, wie dreckig sieht es heute aus. Aber es ist noch lange nicht zu Ende *(AB 58)*.

In einem Interview hat Carl Werckshagen kürzlich die These aufgestellt, Benn wollte den Nationalsozialisten den Geist vermitteln, der ihnen fehlte. Das stimmt mit Benns Eingeständnis über die »Beeinflussung« der Nazis überein. Aber die illusionären Hoffnungen, den Nationalsozialismus im eigenen Sinne bändigen zu können, waren bald verraucht. Zu diesem Zeitpunkt war Benn bereits auf dem Rückzug in das Dunkel seines Hinterzimmers in der Belle-Alliance-Straße 12, das er bald darauf mit einem möblierten Wohnraum in der Hohenzollernstraße 11, Hochparterre bei Saller, in Hannover vertauschte: Seine innere Emigration hatte begonnen, die Trennung von Kunst und Macht war besiegelt, und zurück blieb nur das bittere Grundgefühl, daß die Gesellschaft ihm seinen wohlgemeinten Annäherungsversuch übel gelohnt hatte.

So verständlich Benns Überschwang angesichts der Ehre auch ist, Sitz und Stimme in einer nationalen Institution zu haben, mit der Tradition der Académie Française konnte es die Berliner Dichterakademie nicht im entferntesten aufnehmen. Erst im März 1926 war durch Erlaß U IV 10413 des Preußischen Ministeriums für Wissenschaft, Kunst und Volksbildung der Berliner Akademie der Künste eine Sektion für Dichtkunst angegliedert worden. Am 27. Oktober wurden in einer ersten Sitzung von den Gründungsmitgliedern Thomas Mann, Arno Holz, Ludwig Fulda und Hermann Stehr die in Berlin ansässigen Dichter Georg Kaiser, Bernhard Kellermann, Oskar Loerke, Walter von Molo, Eduard Stucken und Hermann Sudermann gewählt, dazu die auswärtigen Mitglieder Erwin Guido Kolbenheyer, Ricarda Huch, Arthur Schnitzler, Jacob Wassermann, Franz Werfel, Heinrich Mann, Alfred Mombert, Theodor Däubler, Alfred Döblin, Josef Ponten, Wilhelm Schäfer u. a. Rilke und Hofmannsthal lehnten die Wahl ab. Der Berliner Kleistpreisträger Bertolt Brecht und der ebenfalls in Berlin ansässige Gottfried Benn – anno 1926 kein literarischer Neuling mehr, waren nicht mit von der Partie: Der bürgerlichen Literatur sollte eine breite Basis gegeben werden, auf Experimente wollte man vorerst verzichten.

Durch die Trennung in Berliner und auswärtige Mitglieder, die weniger Rechte bei den Zuwahlen hatten, lag der friedlichen Zusammenarbeit der Sektion von Anfang an ein Stolperstein im Weg. Von Anfang an opponierte der völkische Flügel der »Auswärtigen« – also Kolbenheyer, Schäfer und Ponten – gegen den Berliner Teil der Sektion, dem sie mangelnde

Eine Sitzung der Akademiker
V. l. n. r.: Alfred Döblin, Thomas Mann, Ricarda Huch, Bernhard Kellermann, Hermann Stehr, Alfred Mombert, Eduard Stucken, im Jahre 1933

»Volksverbundenheit«, »Ausländertum«, »standpunktlose Liberalität«, kurz »Großstadt« vorwarfen. Die Wortführer des republikanischen Lagers, Heinrich Mann und Döblin, desavouierten die Literatur der Gegenseite als die »des total platten Landes«. Am 5. Januar 1931 erklärten Kolbenheyer, Ponten und Schäfer ihren Austritt; am 12. Januar 1931 wählte die Sektion Heinrich Mann und Ricarda Huch zu neuen Vorsitzenden.

Die relative Homogenität nach dem Exodus der »Völkischen« erleichterte die Beschlußfähigkeit des Gremiums, und man konnte unter günstigeren Bedingungen die Arbeit an Projekten aufnehmen, die durch die politischen Diskrepanzen weitgehend verhindert worden war. Auch mußte das Hauptproblem der Sektion, sich im Bewußtsein der Öffentlichkeit darzustellen, gelöst werden: Repräsentative Festakte mit musikalisch umrahmten Vorträgen, Totenehrungen für verstorbene Mitglieder, offizielle Jubel- und Gedenkfeiern schienen den Akademiemitgliedern dazu das richtige Mittel zu sein. Auch versprach man sich viel Gewinn von der Stiftung eines Kulturpreises, der 1928 noch mit RM 15 000 für die »Lebensarbeit eines Dichters« vergeben werden sollte. Was schließlich nach Beginn der Wirtschaftskrise blieb, war ein Beschluß vom 30. Januar 1930, einen mit RM 5000 dotierten »Preis der Sektion für Dichtkunst« an einen Dichter zu verleihen, der selbst nicht Mitglied der Akademie war.

Die Preisverteilung hatte eine unerwartete Folge: Die Sektion erhielt Bittbriefe von Schriftstellern, die sich in einer verzweifelten Situation befanden: Hans Henny Jahnn, Carl Sternheim und Herwarth Walden klagten ihr Leid. Angesichts solcher Sorgen traten Feierlichkeiten und goldene Medaillen zurück, man entschied sich, den Preis vorerst auszusetzen und die Haushaltsmittel der Sektion in Form von Werkbeihilfen zu verwenden.

Seit 1927 bestimmten Proteste gegen die zunehmende staatliche Zensur die Grundsatzerklärungen der Sektion, deren Ziel darin bestand, gegenüber der »umsichgreifenden Mißachtung der Geistesfreiheit wachsam zu bleiben«. Daher war es durchaus im Sinne der gefaßten Beschlüsse, als Franz Werfel am 6. Dezember 1932 den Antrag stellte, die Sektion möge doch vor der völkisch-kulturreaktionären Literaturgeschichte von Paul Fechter, von der die deutsche Buchgemeinschaft gerade eine Millionenauflage verbreitete, öffentlich warnen. Heinrich Mann formulierte einen entsprechenden Entwurf und stellte sein Exposé auf der Sitzung vom 5. Januar 1933 zur Diskussion. Ludwig Fulda und Walter von Molo bekamen unter dem Eindruck der vorgetragenen Argumente den Auftrag, die Warnung vor dem Fechterschen Buch zu einer allgemeinen Erklärung gegen die sich ausbreitende Kulturreaktion zu erweitern. Molo formulierte jedoch Bedenken gegen eine so allgemeine Erklärung und äußerte Skepsis gegenüber ihrer Wirkung. Eine Anzahl von Mitgliedern – unter ihnen Thomas Mann und Ricarda Huch – schlossen sich in ihren Zuschriften diesen Bedenken an, Gottfried Benn fügte seinem Einwand ein Manifest hinzu, das allen Versuchen »machtpolitischer Einflußnahme« den Kampf ansagte:

> Die Abteilung für Dichtung an der Preußischen Akademie der Künste hält es für ihre Gewissenspflicht, ihre warnende Stimme zu erheben gegen die ansteigende Woge von Versuchen, den schöpferischen Geist der deutschen Nation in die Richtung ganz bestimmt festgelegter Normen, Inhalte und Gesinnungen drängen zu wollen, die für allein wünschenswert und allein zukunftsfähig zu halten vielleicht einer politischen Partei anstehen mag, die aber, der Nation aufgezwungen, sie fortdrängte aus dem Raum reiner geistiger Entfaltung und sie ausschaltete aus der Achtung der freien mündigen Völker. –
> Die Abteilung für Dichtung an der Preußischen Akademie der Künste, die Angehörige der verschiedensten politischen Gesinnung und der entgegengesetztesten weltanschaulichen Empfindung in sich vereint, stellt sich ausnahmslos hinter die Erklärung, daß keine Partei, keine Clique, keine wie immer mit Programmen und Maximen ausgestattete Gruppe

> den Anspruch auf Allgemeingiltigkeit ihrer Gesinnung erheben darf, keine das Recht hat, die übrigen als ketzerisch zu brandmarken, keine, die Arbeiten der anderen aus dem niedrigen Standpunkt von Parteiformeln heraus verleumderisch herabzuwürdigen... Wer es also unternimmt, den denkenden, den forschenden, den gestaltenden Geist von irgendeinem machtpolitisch beschränkenden Gesichtswinkel aus einzuengen, in dem werden wir unseren Gegner sehen. Wer es gar wagen sollte, sich offen zu solcher Gegnerschaft zu bekennen und Geisteswerte wie etwas Nebensächliches oder gar Unnützes abzutun, oder sie als reine Tendenzwerte den aufgebauschten und nebelhaften Begriffen der Nationalität, allerdings nicht weniger der Internationalität, unterzuordnen, dem werden wir geschlossen *unsere* Vorstellung von vaterländischer Gesinnung entgegensetzen, die davon ausgeht, daß ein Volk sich nicht durch Aufbringung von Macht und Waffen, nicht durch Klassendiktatur, auch nicht durch züchterische Rassenmaßnahmen entwickelt und trägt, sondern ausschließlich durch die immanente geistige Kraft, durch die produktive seelische Substanz, deren durch Freiheit wie Notwendigkeit gleichermaßen geprägte Werke noch lange nach dem Verfall und Untergang des Politisch-Nationalen die Arbeit und den Besitz, die Fülle und die Zucht eines Volkes in die weiten Räume der menschlichen Geschichte tragen. Dieser weite Raum der menschlichen Geschichte, an deren Aufgang und Erschließung für die deutsche Dichtung die Namen Herder und Schiller stehen –: das ist *unser* drittes Reich.

Dieser zweite Entwurf ging den Sektionsmitgliedern am 16. Januar 1933 mit der Bitte um schnelle Stellungnahme zu.

Aber Benns Vorschlag fand, auch wegen seiner pathetischen Formulierungen, nicht den ungeteilten Beifall der Sektion, und so übernahm es Döblin, ihn in eine Form zu bringen, die sich für eine Publikation in der Tagespresse eignete. Döblin ließ wesentliche Teile unangetastet, strich aber das Bekenntnis zu »unserem dritten Reich«, weil diese Formel einen zu stark oppositionellen Charakter trage. Ähnliche Vorbehalte hatte der Akademiesenator Professor Dr. Julius Petersen gegen den Text. Er gab zu bedenken, daß der Bennsche Entwurf als »Protest gegen den neuen Reichskommissar erscheinen oder gedeutet werden könne«.

Benn hatte bei seinen Formulierungen keine Rücksicht auf die veränderten politischen Verhältnisse genommen und nicht in Rechnung gestellt, daß der nationalsozialistische Reichskommissar Rust seit dem 4. Februar 1933 kommissarischer Leiter des preußischen Kultusministeriums und damit Kurator der Akademie der Künste geworden war. Die Bennsche Erklärung war also über Nacht unter anderen Bedingungen zu lesen und kam einem Protest gegen die völkische und parteipolitisch festgelegte Kunstauffassung der Nationalsozialisten gleich.

Gottfried Benn, 1933

Döblin begriff das durchaus, als er auf der letzten, von Heinrich Mann geleiteten Sektionssitzung am 6. Februar 1933 daran erinnerte, daß man die Konsequenzen des Bennschen Entwurfes bedenken müsse, da der Akademie nun ein nationalsozialistischer Kurator vorstehe: »Erst jetzt sei die Kundgebung klar und deutlich zu einem Angriff geworden. Was ursprünglich eine kritische Stellungnahme zu einer literarischen Einzelarbeit war, würde jetzt wie eine fanalartige Geste wirken. Ob der Ton der Kundgebung gemäßigt sei oder nicht, davon hänge wenig ab. Es sei zu überlegen, ob daraufhin erfolgen könne, was man im politischen Leben ein Verprellen nenne«.

Döblin hatte den Text zwar verändert und die Entscheidung über seinen Entwurf sollte am 6. Februar 1933 fallen. Aber die Mehrheit der Sektion erklärte zum Schluß der Sitzung, »daß ein zwingender Anlaß für eine Kundgebung gegenwärtig nicht gegeben sei, und daß eine geschlossene Erklärung der Abteilung darum nicht zustande kommen werde. Man müsse abwarten und wachsam bleiben«.

Der Protest wäre angesichts der veränderten Verhältnisse am Platz gewesen. Aber während die Abteilung für Dichtung noch abwog, erörterte und nach Formulierungen suchte, die sorgfältig zwischen kultureller und politischer Reaktion unterschieden, hatte sich die parteipolitische Reaktion längst formiert und war – von der kulturpolitischen Reaktion wortgewaltig unterstützt, – zum Angriff übergegangen.

Die Frage, die Döblin noch auf der Sitzung am 6. Februar 1933 stellte, ob denn das Unrecht bereits so weit gediehen sei, daß ein öffentlicher Angriff mit seinen Folgen gerechtfertigt wäre, wirft ein bezeichnendes Licht auf die taktischen Erwägungen, die die Abteilung für Dichtkunst anstellte und läßt die Bennsche Haltung in den folgenden zwei Wochen erklärlicher erscheinen.

Sechzehn Tage, nachdem Hitler als Reichskanzler bestellt worden war, am 14. Februar 1933, klebte an allen Litfaßsäulen Berlins ein »dringender Appell« des internationalen sozialistischen Kampfbundes. Dieses Manifest, das zur Bildung einer Einheitsfront von SPD und KPD aufrief, trug – neben einunddreißig anderen Namen – auch die Unterschriften von zwei Mitgliedern der Akademie: Heinrich Mann und Käthe Kollwitz. Reichskommissar Rust sah seine Chance, die gesamte Akademie für die private politische Meinung zweier Angehöriger haftbar zu machen und dadurch wünschenswerte personalpolitische Veränderungen herbeizuführen. In einem Gespräch mit dem Präsidenten Max von Schillings am 15. Februar drohte er kurzerhand mit der Auflösung der Sektion, falls die Akademie sich nicht bereitfände, die Angelegenheit unverzüglich zu klären und das Ausscheiden der beiden inkriminierten Mitglieder zu verlangen.

Schillings, der Rust gegenüber eilfertig eingeräumt hatte, das Vorgehen von Heinrich Mann und Käthe Kollwitz sei in der Tat »nicht mit ihrer Stellung in der Akademie vereinbar«, berief noch am Abend desselben Tages eine außerordentliche Sitzung ein. Er berichtete dem Plenum, daß der Reichskommissar an eine Aufhebung der Dichterabteilung dächte. Käthe Kollwitz habe in Erkenntnis ihres unrichtigen Verhaltens bereits den Austritt erklärt. Er sähe sich »angesichts der bedrohlichen Situation gezwungen, die Alternative zu stellen, daß entweder Heinrich Mann ausscheide, oder er selbst sein Amt niederlegen werde«. Der Sekretär der Sektion, Oskar Loerke, vermerkt in seinem Tagebuch:

> Mittwoch, 15. [Februar 1933] zur Akademie, durch von Schillings berufen. Eröffnung, daß die Austritte erzwungen werden müßten. Dann die schreckliche Sitzung. Käthe Kollwitz und Heinrich Mann traten aus der Akademie aus. Wegen parteipolitischer Betätigung. Säulenplakat: »Setzt die Verantwortlichen unter Druck!« Natürlich griff die Regierung zu, voran Herr Rust. Schweigegebot.

Als die Versammlung in die Diskussion eintritt, stellt sich, nach Anfrage von Benn, heraus, daß Heinrich Mann weder anwesend noch über den Tagesordnungspunkt unterrichtet ist. Die Sitzung wird ausgesetzt, Heinrich Mann telefonisch hergebeten. Er trifft um 21.45 Uhr ein, kommt mit dem Präsidenten und dem Sekretär im Dienstzimmer zu einer »kurzen persönlichen Aussprache« zusammen – über deren Inhalt nichts bekannt ist –, und fährt nach Hause zurück. Der Präsident eröffnet die Sitzung erneut und gibt bekannt, daß Heinrich Mann sein Amt als Vorsitzender der Dichterabteilung niederlege und auf seine Mitgliedschaft verzichte. Das Protokoll verzeichnet den entscheidenden Satz:

> Heinrich Mann erkennt an, daß der Präsident nicht anders handeln konnte, da er an das Wohl und Bestehen des Ganzen denken müsse. Er habe seinen Entschluß gefaßt, um der Akademie aus einer schweren Lage herauszuhelfen.

So spielen sich die Herren in die Hände. Diese Szene ist niemandem fremd, der je in Gremien gesessen hat. Obwohl die Entscheidung bereits aktenkundig ist, wird nun erörtert und debattiert, man überlegt und erwägt. Das Ende des Spektakels: Statt zumindest grundsätzlich gegen das fragwürdige Vorgehen des Vorsitzenden einen geharnischten Protest zu formulieren, kriecht das Plenum zu Kreuze. Aus Respekt für die Position des Präsidenten und aus politischem Opportunismus wird gegen seine Verhandlungsführung nichts eingewendet.

Döblin kritisiert allerdings, daß Heinrich Mann seine Meinung nicht vor der Akademie habe zur Kenntnis bringen können und verlangt eine nochmalige Befragung Manns. Die Versammlung lehnt es ab; der Präsident entgegnet, er habe Heinrich Mann eine unangenehme Situation ersparen wollen. Auch der Berliner Stadtbaurat Dr. Martin Wagner nennt die Dinge beim Namen. Er hält dem Präsidenten vor, daß er nicht das Plenum mit dem Vorgang befaßt habe und fragt nach der Rechtsgrundlage des Austritts. Schillings verteidigt sich, er habe die ganze Akademie nicht um zweier Mitglieder willen opfern wollen. Auf Wagners Antrag, die Versammlung solle feststellen, ob die Akademie damit einverstanden sei, daß die beiden Mitglieder aus den von dem Präsidenten angegebenen Gründen ausscheiden müßten, entgegnet Benn, ein solcher Antrag verschöbe die Sachlage: »Es handle sich lediglich darum, ob der Präsident richtig gehandelt hat und dies sei der Fall«. Wagner legt daraufhin seine Mitgliedschaft nieder und verläßt den Saal.

Die denkwürdige Sitzung schließt mit dem Dank an den Präsidenten dafür, »daß er die Versammlung vor einer Abstimmung bewahrt hat, die im Grunde genommen völlig unmöglich gewesen wäre, denn in diesem Hause handle es sich nur um Kunst, nicht um Politik«. Da Heinrich Mann freiwillig verzichtet hatte, war das Gremium nicht geneigt, sich nachträglich noch in Schwierigkeiten zu bringen: Max von Schillings hatte taktiert und mit der Hilfe von Heinrich Mann auch gewonnen. Der Bestand der Sektion schien gesichert.

Die liberalen Berliner Blätter wie die »Vossische«- oder die »Frankfurter Zeitung« protestierten gegen die Vorgänge, und das »Berliner Tageblatt« war am 16. Februar, also einen Tag nach der Plenarsitzung, noch der Meinung: »Es ist kaum ein Zweifel, daß Mitglieder gegen das Vorgehen Rusts und wohl auch gegen das Verhalten Max von Schillings protestieren werden«. Auch andere Berliner Blätter erwarteten – über den Austritt von Stadtbaurat Wagner hinaus – Solidarisierungen der Sektionskollegen mit ihrem gemaßregelten Vorsitzenden. Aber die Erwartungen trogen.

In der Sitzung der Sektion Dichtkunst am 20. Februar waren außer dem Präsidenten Schillings noch die Herren Benn, Binding, Döblin, Frank, Fulda, Loerke und Stucken anwesend. Es kommt zu einer Auseinandersetzung zwischen Benn und Döblin wegen der Frage, wogegen die Sektion denn nun protestieren solle. Das Protokoll vermerkt:

> Döblin erkennt an, daß sowohl der Präsident wie Heinrich Mann sich um Erhaltung der Akademie bemüht hätten. Aber es gäbe ein Erhalten und ein würdiges Erhalten. Er glaube, in bezug auf die Würde habe die Akademie eine Schlappe erlitten.

Benn fragt Döblin:

> Ob er es für richtig halte, daß H. Mann, der als Senator der Akademie laut § 8 der Satzungen ›als Inhaber eines bestimmten Amtes berufen‹ sei, für das er eine jährliche Aufwandsentschädigung erhalte, und der laut § 10 der Satzungen als Sachverständiger des Ministers für Wissenschaft, Kunst und Volksbildung durch Handschlag verpflichtet sei, in einem Litfaßsäulenplakat der KPD zur Bekämpfung der Barbarei eben dieses Ministers und seiner Partei aufrufe?

Döblin gibt zu, daß dies nach den formalen Bestimmungen der Satzung nicht richtig sei:

> Indessen müsse er nochmals den Gedanken an die freie Selbstverwaltung der Akademie wiederholen. Nach seiner Meinung habe Heinrich Mann einen Fehler gemacht, aber keinen überaus großen. Er selbst hätte diesen Taktfehler nicht gemacht. Wir ständen der Staatsmacht gegenüber und wir ständen vor der schwierigen Frage: wieweit wollen wir auch Macht sein.

Nach längerem Hin und Her, in dem Benn seine Verehrung für Heinrich Mann betont, gegen ihn gleichzeitig aber auch vorbringt, er habe den Kampf gegen die legal und verfassungsmäßig gebildete Regierung eröffnet, versucht man ein Kommuniqué, in dem die Sektion »den künstlerischen Verlust bedauert, den der Austritt Heinrich Manns aus ihren Reihen bedeutet«. Benn protestiert gegen eine derartige Bagatellisierung der Vorgänge und gibt zu Protokoll:

> Benn hält eine Erklärung außer einem Dank an Heinrich Mann überhaupt nicht für nötig, sofern sie den Bestand der Akademie gefährdet. Er wendet sich gegen die Einstellung aller derjenigen Mitglieder, die immer und ohne weiteres geneigt sind, alles, was die Akademie und ihr eigenes Wesen betrifft, zu bagatellisieren. Alles sei nach deren Meinung weit wichtiger: die Weimarer Verfassung, der Zusammenschluß der Arbeiterparteien, hemmungslose politische Agitation, als gerade die Akademie. Die Akademie aber sei nach ihrer jahrhundertelangen Tradition und nach ihrer Funktion eine glanzvolle Angelegenheit, sie könne es jedenfalls sein als die einzige Stätte zur literarischen Traditionsbildung und zur künstlerischen Repräsentation, die Deutschland hat. Daß die Akademie eine hohe innere Aufgabe habe, habe ja gerade Heinrich Mann wiederholt ausgesprochen.

»Damit nun war die Formel gefunden, die sich in der Tat, so paradox es anmutet, sehr wohl auf Heinrich Mann berufen konnte, der wiederholt, vor allem in seiner Akademie-Rede über ›Dichtkunst und Politik‹, die Ansicht vertreten hatte, daß ›Geist‹ und ›Staat‹, zweckfreies Streben nach Wahrheit und zweckgebundenes Streben nach größtmöglicher praktischer Gerechtigkeit zwei wesensmäßig verschiedene ›Großmächte‹ seien. Indem Benn diese Vorstellung der Autonomie des Geistes auf die Institution der Akademie übertrug, auf eine Körperschaft also, deren Existenz nach Heinrich Mann gerade in einem Kompromiß beruhte, den der Staat mit dem Geist schloß, gab er der Sektion das Alibi, das sie zu ihrer Rechtfertigung brauchte. Kein Wunder also, daß auch der Präsident von dieser Apologie mit ›großer Befriedigung‹ Kenntnis nahm«.

Dabei stand Benn mit seiner Auffassung keineswegs allein. Walter von Molo erinnerte an die Pflicht der Akademie, »nunmehr auszuharren«, Wilhelm von Scholz hielt es für das Richtigste, »von Austritt oder Protesten abzusehen«, Ina Seidel hielt »einen öffentlichen Protest oder sogar einen Gesamtrücktritt der Abteilung für Dichtung unter den gegebenen Umständen nicht für ratsam« und forderte die »Neutralität einer über den Zeitströmungen stehenden Vertretung«.

Und so kam es schließlich doch noch zu einer kurzen Presseerklärung, in der die Abteilung für Dichtung das Bedauern über den Austritt Heinrich Manns formulierte und ihren Entschluß bekundete, sich »auch in erregter Zeit sich keinen Schritt von ihrer Pflicht abdrängen zu lassen, die Freiheit des künstlerischen Schaffens zu schützen«.

In der Literatur wird immer wieder die Frage gestellt, warum sich Benn von dem von ihm so verehrten Heinrich Mann hat trennen können. Die Verehrung für Heinrich Mann hatte bei Benn dort ihre Grenzen, wo der politische Schriftsteller anfing: Das hatte er bereits in seiner Rede auf Heinrich Mann am 23. März 1931 gezeigt. Und so ist es für Benn sicher kein Widerspruch gewesen, wenn er sich nicht mit Heinrich Mann solidarisierte, da nur der politische Schriftsteller die Akademie verließ, den Benn sowieso keiner Aufmerksamkeit gewürdigt hatte.

Wollte man Benn verteidigen, so könnte ihm bis zu diesem Zeitpunkt nichts vorgeworfen werden, was nicht auch den größten Teil der anderen Mitglieder beträfe: Die Sektion wollte – was die völkische Presse mit unverhohlener Häme bedachte – ihre Sitze behalten, Heinrich Mann hatte durch seinen freiwilligen Rücktritt diesem Begehren in die Hände gespielt. Döblin wird später enttäuscht schreiben: »Er hatte uns im Stich gelassen. Wir konnten es nicht verschleiern. Wie war das möglich? Heinrich, mir grauts vor dir.«

Wir wissen nichts über die Motive, die Heinrich Mann bewogen haben, es dem Präsidenten der Akademie und den neuen Machthabern so leicht zu machen. Aber es gibt gute Gründe dafür anzunehmen, daß er sich über die wirkliche Lage Illusionen machte und seinen Rücktritt für etwas Vorläufiges hielt. Als der Leipziger Dramaturg Carl Werckshagen sein Amt wegen »Kulturbolschewismus« zur Verfügung stellen mußte, sagte ihm sein Regisseur: »Macht nichts, in einem halben Jahr bist du wieder drin«. Hans Albert Walter hat eindrücklich gezeigt, daß die überwältigende Mehrzahl der Intellektuellen mit einer merkwürdigen Mischung von Illusion und Klarsicht, von Pessimismus und Sorglosigkeit, Verdrängung und Zweckoptimismus auf die Zuspitzung der Krise reagierte. Das Vertrauen in die rechtlichen und institutionellen Sicherungen der bürgerlichen Formaldemokratie war nicht gebrochen, es fehlte, wie Ludwig Marcuse sagt, trotz der Diffamierungen und Verleumdungen, der Morddrohungen und des bereits praktizierten Terrors an »Phantasie für das Noch-Nicht-Dagewesene«. Man fürchtete und analysierte die Situation, handelte aber anders: Feuchtwanger sah mit politischem Scharfblick das Schlimmste voraus, kaufte sich aber ein Haus in der Nähe von Berlin. Bert Brecht war von der Notwendigkeit der Emigration überzeugt, erwarb aber von den Tantiemen der *Dreigroschenoper* 1932 ein Landhaus in Utting am Ammersee. Heinrich Mann schrieb im Dezember 1931, es sei in Deutschland »jetzt Abend, wenn nicht Mitternacht«, seinen Einsichten aber handelte er zuwider und machte sich – nach Jahren in Hotels und Pensionen – 1932 in einer großen Berliner Wohnung seßhaft: »Er wußte letztlich selbst nicht, wie er dieser Gefahr gegenübertreten sollte«.

Wollte man, wie Klaus Mann später feststellte, »das Äußerste – die Etablierung der Hitler-Diktatur – nicht für möglich halten?« Man klammerte sich an ermutigende Zeichen; für die Redakteure im Hause Ullstein war Hitler nur ein Unsinn babbelnder Clown, für Heinrich Mann ein »österreichischer Komödiant«. Bis zum Reichstagsbrand lief der Kulturbetrieb ganz gewöhnlich weiter. Das »Berliner Tageblatt« brachte die altgewohnten Namen: Kerr, Kisch, Erich Mühsam. Ullstein rivalisierte mit S. Fischer beim Erwerb von Manuskripten; Leonhard Frank, Ernst Weiss, Ludwig Marcuse waren nach dem 30. Januar 1933 in ihrem Stammlokal am Kurfürstendamm anzutreffen. Obwohl die Notverordnungen vom 4. und 6. Februar die Presse-, Versammlungs- und Demonstrationsfreiheit erheblich einschränkten, sprach Carl von Ossietzky am 17. Februar in einer Mitgliederversammlung des Berliner Schutzverbandes deutscher Schriftsteller.

Carl Zuckmayer war im April 1932 auf einer Kundgebung der NSDAP im Berliner Sportpalast nur mit Mühe der SA, die ihn zusammenknüppeln wollte, entkommen. Im Februar 1933 berichtete er voller Stolz, daß noch drei seiner Theaterstücke gespielt wurden und in der »Berliner Illustrierten« des Hauses Ullstein seine Erzählung *Eine Liebesgeschichte* erschien. Max Reinhardt inszenierte im Deutschen Theater Hofmannsthals »Großes Welttheater«, Martin Niemöller sprach im Herbst 1933 in seiner Erntedankpredigt »vom erwachenden deutschen Volk«, und Theodor Wiesengrund-Adorno lobte im Juni 1934 die Vertonungen der Gedichte Baldur von Schirachs noch mit den Worten:

> Aus den jüngsten Chorpublikationen des Verlages Merseburger, meist Festchören zu deutschen Anlässen, hebt sich weit heraus der Zyklus von Herbert Müntzel. Nicht bloß weil er, durch die Wahl der Gedichte Schirachs als bewußt nationalsozialistisch markiert ist, sondern auch durch seine Qualität: ein ungewöhnlicher Gestaltungswille... es wird dem Bild einer neuen Romantik nachgefragt: vielleicht von der Art, die Goebbels als »romantischen Realismus« bestimmt hat. Es ist selbstverständlich, daß im Hintergrund von Müntzels Bemühung die tödliche Auseinandersetzung zwischen dem Drang, verständlich und unmittelbar zu werden, und den Anforderungen an rein innerkompositorische Legitimität steht. Es ist auch kein Zufall, daß die Lieder selber die Spuren dieses Kampfes tragen: daß zuweilen Linie und Harmonisierung sich gegenseitig einengen; aber es steht mir außer allem Zweifel, daß ein Stück wie »Der Tote« von der denkbar stärksten – und auch einer sehr originellen Wirkung sein muß.

Das Gedicht, das Adorno so angemessen vertont weiß, lautet:

Auch Tote stehn in unseren Reihn:
den Ihr uns gestern erschlagen,
den haben wir nicht zu Grabe getragen,
nein!
Den Ihr gestern in feiger Nacht

auf dunkler Straße umgebracht,
ist, als das Dämmern des Tags begann,
aufgewacht!
Des Toten Gesicht
tragen heut hunderttausend Mann!
Und sind Gericht...

Auf diese Rezension befragt, sagte Adorno 1963, er hätte den »Goebbelschen Begriff ›romantischen Realismus‹ nicht in den Mund nehmen dürfen«, fügt aber gleichzeitig hinzu, daß »der wahre Fehler in meiner falschen Beurteilung der Lage lag; wenn Sie wollen, in der Torheit dessen, dem der Entschluß zur Emigration unendlich schwerfiel. Ich glaubte, daß das Dritte Reich nicht lange dauern könne, daß man bleiben müsse, um hinüberzuretten, was nur möglich war. Nichts anderes hat mich zu den dumm-taktischen Sätzen veranlaßt«.

Angesichts dieser Illusionen, Selbsttäuschungen und des Glaubens, daß das »Dritte Reich nicht lange dauern könne«, verkörpert Benn das allgemeine Bewußtsein: Die überwiegende Mehrheit der Schriftsteller wurde erst durch das »Lehrstück« vom Reichstagsbrand darüber aufgeklärt, was Faschismus hieß, und daß die lebensrettende Flucht in vielen Fällen die einzige Konsequenz war.

Daß Gottfried Benn nach diesem Ereignis an seinen Ideen von der »geschichtlichen Verwandlung« festhielt und vorerst des Glaubens blieb, daß aus »den Defekten der Regenerationszentren das menschliche Gen ans Licht stößt«, daß er das Bild vom totalen Staat, dem »höchstgezüchteten Exekutivbegriff, den die abendländische Geschichte kennt« *(I 214)*, nicht aufgibt, ist schwer zu erklären. Seine Reaktion auf der Sitzung der Abteilung am 13. März 1933 zeigt ihn jedenfalls unberührt von den Ereignissen. Er hatte in der Zwischenzeit mit dem Präsidenten der Akademie mehrfach gesprochen und legte der Sektion eine Erklärung vor, in der er vorschlägt, die »Sektion möge, um ihre Verpflichtung zum Ausdruck zu bringen, ›an der Zukunft der Nation mitzugestalten‹, über eine von ihm verfaßte Umfrage abstimmen, die dann allen Mitgliedern zur Unterzeichnung zugesandt werden und darüber hinaus als Grundlage der ›Reorganisation‹ sowie ›einer eindeutigen und zuverlässigen Arbeit der Abteilung dienen‹ sollte«:

Sind Sie bereit, unter Anerkennung der veränderten geschichtlichen Lage weiter Ihre Person der Preussischen Akademie der Künste zur

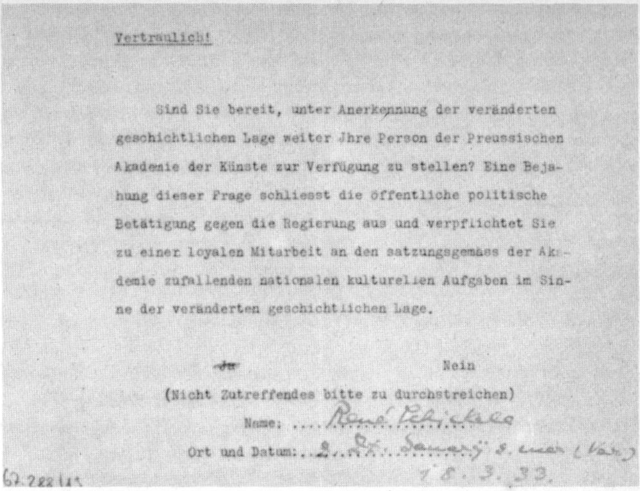

Vertraulich!

Sind Sie bereit, unter Anerkennung der veränderten geschichtlichen Lage weiter Jhre Person der Preussischen Akademie der Künste zur Verfügung zu stellen? Eine Bejahung dieser Frage schliesst die öffentliche politische Betätigung gegen die Regierung aus und verpflichtet Sie zu einer loyalen Mitarbeit an den satzungsgemäss der Akademie zufallenden nationalen kulturellen Aufgaben im Sinne der veränderten geschichtlichen Lage.

~~Ja~~ Nein

(Nicht Zutreffendes bitte zu durchstreichen)

Name: René Schickele

Ort und Datum: St. Cyr, Sanary s. mer (Var) 18.3.33.

Verfügung zu stellen? Eine Bejahung dieser Frage schliesst die öffentliche politische Betätigung gegen die Regierung aus und verpflichtet Sie zu einer loyalen Mitarbeit an den satzungsgemäß der Akademie zufallenden nationalen kulturellen Aufgaben im Sinne der veränderten geschichtlichen Lage.

Damit war der Dichterakademie der Todesstoß versetzt, denn gleichzeitig wurde beschlossen, Zuwahlen vorzunehmen und den Präsidenten zu bitten, »vertrauliche Mitteilung darüber zu machen, welche Persönlichkeiten seiner Kenntnis nach bei der Regierung für die Abteilung genannt würden«: Die Abteilung diente sich den Wünschen des Ministeriums an, abzuwarten blieb nur noch das Ergebnis der Unterschriftenaktion.

Von den siebenundzwanzig Mitgliedern der Abteilung antworteten achtzehn mit einem schlichten »Ja«, darunter Gerhart Hauptmann, Franz Werfel und Gottfried Benn. Rudolf Pannwitz wies die Erklärung ebenso zurück wie Thomas Mann, der gleichzeitig seinen Austritt erklärte. Den jüdischen Mitgliedern dämmerte, daß man sie nicht länger dulden würde: Döblin stellte seinen Platz mit Schreiben vom 18. 3. 1933 zur Verfügung, Wassermann wurde am 18. April die Mitgliedschaft entzogen.

Nun fehlten noch die neuen Herren. Sie wurden auf einer ordentlichen Sitzung am 5. Mai 1933 gewählt, nachdem Benn als kommissarischer Leiter der Sektion sich vorher drei Stun-

Benn bei einer Kranzniederlegung im Auftrag der Akademie am Grab von Arno Holz, 1933

den mit dem inzwischen zum preußischen Innenminister avancierten Reichskommissar Rust besprochen hatte. Die Riege der völkischen Schriftsteller, mit Erwin Guido Kolbenheyer, Werner Beumelburg, Hanns Johst an der Spitze, hielt ihren Einzug, nahm die freigewordenen Plätze ein und wählte Hanns Johst zum Präsidenten. Die neue Dichterakademie hatte sich profiliert, der Öffentlichkeit stellt sie sich in einer Zeitungsmeldung mit folgenden Worten vor:

> Aus dem betont außervölkischen Zustand ihrer früheren Zusammensetzung ist die Abteilung für Dichtkunst zu einem volksbewußten und artgerechten Lebenskörper umgebaut worden. Daher darf und will sie auch in ihrer Entwicklung der lebendigen Entwicklung des Reiches Ausdruck verleihen und erklärt sich unter Wahrung der bisherigen Rechtsgrundlagen reichszuständig als die ›Deutsche Akademie der Dichtung‹.

Benns Ausflug in »die glanzvolle Angelegenheit Akademie« war damit zu Ende. Die neuen Mitglieder verhielten sich ihm gegenüber kühl, auf einem Empfang am 20. April, anläßlich der Uraufführung von Hanns Johsts *Schlageter* im Staatlichen Schauspielhaus, nimmt Benn »Anmaßung und Feindlichkeit«

GOTTFRIED BENN

Geist und Seele künftiger Geschlechter

Benns Artikel in der Zeitschrift »DasWort«, 1933

wahr. Loerke gegenüber äußert er die Meinung, »wir würden nicht nur ausgeschaltet, sondern auch körperlich vernichtet werden«.

Was bewegt ihn angesichts seiner solchen Äußerung dann dazu, einen Monat später, am 24. Mai 1933, in der *Antwort an die literarischen Emigranten* das Tischtuch zwischen sich und den ins Ausland geflüchteten Schriftstellerkollegen zu zerschneiden und noch am 1. März 1934 zusammen mit Hanns Johst im »Völkischen Beobachter« einen Aufruf zu veröffentlichen, in dem er sich von den kommunistischen Literaten und den aus Deutschland geflüchteten Dichtern distanziert? »Aus solchen Widersprüchen findet man nicht heraus, indem man Benn kurzerhand zu einem ›Faschisten‹ oder gar zu einem ›Opportunisten‹ erklärt – beides war er nicht. Man muß die Tatsache akzeptieren, daß er in den Wochen und Monaten des Frühjahrs 1933 ein fast schizophrenes Doppelleben geführt hat«, schreibt Jürgen Schröder. Bleibt zu ergänzen: Wie andere auch.

Hannover, Arnswaldtstraße 3: Doppelleben und Dämonenzauber

SEINEN AUFSATZ *Bekenntnis zum Expressionismus* vom November 1933 beginnt Benn mit dem Satz:

> Das Maß an Interesse, das die Führung des neuen Deutschlands den Fragen der Kunst entgegenbringt, ist außerordentlich. Ihre ersten Geister sind es, die sich darüber unterhalten, ob in der Malerei Barlach und Nolde als deutsche Meister gelten dürfen, ob es in der Dichtung eine heroische Literatur geben kann und muß *(I 240)*.

Genau ein Jahr später aber, im November 1934, hat sich die Achtung vor den kulturpolitischen Machthabern in Abscheu verwandelt. Vom Vertrauen auf »die letzte großartige Konzeption der weißen Rasse« *(IV 456)* ist kein Gran zurückgeblieben:

> Lieber Herr Oelze, die Worte im Anfang des »Expressionismus« sind aus dem vorigen Jahr, als noch soviel Glaube, Liebe, Hoffnung war, heute würde ich sie gewiss nicht schreiben. Heute würde ich schreiben: »die Fresse von Cäsaren u. das Gehirn von Troglodythen« *(1,40)*.

Die Enttäuschung über die politische Entwicklung kommt nicht von ungefähr. Im Juni 1933 muß Benn die kommissarische Leitung der Sektion Dichtkunst der Akademie abgeben, eine Lesung seiner Gedichte im Berliner Rundfunk wird in letzter Minute wegen – wie Benn vermutet – »Defaitismus« untersagt, auch darf er die Gedenkrede zum Tode Stefan Georges im Dezember 1933 nicht halten. Börries von Münchhausen unterzieht die expressionistische Generation einer vernichtenden Kritik, und Benn muß sich verteidigen, wobei er mit seinem Aufsatz *Bekenntnis zum Expressionismus* und der Rede auf Marinetti (29. März 1934) in Opposition zu den reaktionär-provinziellen Kunstidealen Rosenbergs gerät, dessen Maßstäbe Hitler auf dem Reichsparteitag von 1934 sanktioniert und zur offiziellen Kunstpolitik erhoben hatte. Benns Schriftensammlung *Der neue Staat und die Intellektuellen* (Juli 1933), die die *Antwort an die literarischen Emigranten* enthält, löste schwärmerische Rezensionen aus (»Hymnus an die tiefen und letzten Ziele der deutschen Erhebung«, Die Woche, 20. 9. 1933), ruft aber gleichzeitig Ekel und Wut bei den Emigranten Klaus Mann und Erich Heller hervor. Die

Besprechungen des Bandes *Kunst und Macht,* der im Herbst 1934 erscheint, sind zwar in der Grundstimmung freundlich, aber keineswegs enthusiastisch: Vom Geruch des Asphaltliteraten der »Systemzeit« kann der Dichter sich so schnell nicht befreien. Theodor Heuss hat die Zwickmühle, in die sich Benn gebracht hat, treffsicher in seiner Rezension (Die Hilfe 49, 1934) beschrieben: »Es ist der Monolog eines Einsamen und Erschütterten, der von der Gewalt der Zeit erfaßt ist, ihr zugehören möchte, in ihr irgendwo Erfüllungen erspürt und zugleich seine denkerische Position verteidigt« *(WW 188).*

Benns wirtschaftliche Lage ist in dieser Zeit niederdrückend. Im Winter 1933 entzieht der NS-Ärztebund ihm die Berechtigung, bestimmte Atteste auszustellen und damit die Möglichkeit, durch Gutachtertätigkeit sein Einkommen zu verbessern. Um seine Praxis zu behalten, sieht sich Benn gezwungen, an Schulungen des NS-Ärztebundes teilzunehmen, da er im Geruch steht, Jude zu sein, eine Behauptung, die auch Münchhausen öffentlich äußerte. Benn hat keine andere Wahl, als sein »Ariertum 100% zur Geltung zu bringen« *(AB 59):* Er stellt eigene Nachforschungen über die Bedeutung seines Namens an und bezieht sich im *Lebensweg eines Intellektualisten* auf einen Rheinpfälzer Wein mit der Bezeichnung »Dürkheimer Benn«; es gäbe auch die Lage »Hochbenn«, der Name sei keltischer Abkunft *(PA 308):* Benn als Volksetymologe. Und

Aus Restbeständen sind – freibleibend – lieferbar:

Bestell-Nr.		¾-Ltr.-Fl. DM
606	1960er Dürkheimer Benn . . . . mundig	2,20

»um das Leben zu fristen« *(AB 58)* muß er an der Berliner Städtischen Beratungsstelle für Geschlechtskrankheiten eine Vertretung übernehmen.

Angesichts dieser Lage entschließt sich Benn dazu, sein Leben von Grund auf umzukrempeln: Aufgabe der Praxis, Rückzug aus der literarischen und politischen Öffentlichkeit, Lösung aller Berliner Verbindungen, Rückkehr in die Armee: »*Raus* aus allem; u die R.[eichs]W.[ehr] ist die aristokratische Form der Emigrierung! Ein schwerer Entschluss, Berlin zu verlassen, aber vielleicht tue ich es« *(1,39).*

Am 1. April 1935 ist es dann soweit: Geographischer Ort für das Experiment der radikalen Lebenswende wird die norddeutsche Provinzstadt Hannover, über die er nur wenig Schmeichelhaftes zu sagen weiß – »diese trostlose Stadt« *(1,96)*, »solche Dörfer wie Hannover« *(AB 169)* –, wo er bis zum 30. Juni 1937 mehr als zwei »schrecklich verlassene u. abgeschlossene Jahre« *(T 181)* verbringen wird. Den fast fünfzigjährigen Schriftsteller, der vorerst in einem möblierten Zimmer zur Untermiete wohnt, bringt die »Umschichtung« von Berlin in diese »Saustadt« *(T 182)* in eine »äußerst labile Stimmung und Erschöpfung«. Aber er kann an eine ihm vertraute Erfahrung anknüpfen, den militärischen Dienst: »Diese keineswegs unmenschliche, aber kalte Atmosphäre des Unpersönlichen, des Sachlichen an sich« *(1,48)* scheint ihm nach den Jahren der Selbständigkeit »beinah bequem«. Als Oberstabsarzt (Majorsrang) arbeitet er bei der Heeressanitätsinspektion als selbständiger Leiter der Abteilung IV b, hat ein eigenes Büro, Personal. Das neue Leben beginnt eher skeptisch, erwartungslos. Aber um zu neuen Resultaten zu kommen, ist Benn bereit, sich »wirklich umbauen zu lassen, völlig renovieren am Gehirn, Blick, Milieu, Lebenshaltung. Durchaus nicht naiv oder gar aus wirtschaftlichen Motiven allein habe ich dies Unternehmen gewagt. Es ist die letzte Etappe meiner Existenz, die ich hier starte, die dritte Periode u wenn das keine neue Häutung ergiebt, will ich keine Schlange sein« *(1,48)*.

Der militärische Dienst ist ein Neubeginn, gefährlich, das Ende unbestimmt, eine existentielle Wasserscheide:

> Ich lebe wie ein Mönch: esse wenig, lebe von Früchten, kein Alcohol, gehe um 9 schlafen. Teils, um es körperlich überhaupt auszuhalten, dem enormen inneren Verzehr, den diese Umschaltung anrichtet, nicht zu erliegen; aber auch aus inneren Gründen, es ist eine Art Vorbereitung innerer Art, Inanition, Askese, eine Vorbereitung zu einer tiefen inneren Erneuerung oder auch zum Tod. Eines von beiden, ich bin sicher *(1,49)*.

Genießerisch malt er in Briefen an Oelze die Diskrepanz zwischen inferiorem Amtsgeschäft und internationalem Ruhm aus, nach einer halbjährigen Probezeit ohne Uniformzwang ist er schließlich »geborgen in bezug auf Bruchschaden u. Kopfschüsse u diese bürgerliche Bergung mußte im Gewande des Militärischen kommen in unsrem lieben Vaterlande, in Zivil wollte man nichts von mir« *(T 169)*.

Das Problem der Dialektik zwischen der Uniform und ihrem Träger beschäftigt Benn eindringlich. Er fühlt sich in diesem

Kleidungsstück unglücklich, läßt aber dessen Wirkung auf sich nicht aus den Augen: »Doch eine dolle Sache, wie einen sowas beherrscht, gefangen nimmt, umarbeitet« *(1,79)*. Die Uniform allein aber macht das militärische Leben nicht aus, gesellschaftliche Zwänge gehören dazu, die entnervenden Einladungen »intra Kamerados«, denen Benn sehr ambivalent gegenübersteht, und denen er doch ausgiebig nachkommt, wobei er seine Strategie des Doppellebens entwickelt. Niemand soll hinter der Maske des korrekt gekleideten Offiziers, der Herrenabende ausrichtet, kaltes Buffet, Korn, Bier, der den Vorgesetzten die Hände schüttelt, Reden hält und Gegenreden anhört, den Dichter suchen, der diesen ganzen Koloß aus Halbbildung und Ehrauffassung sehr zwiespältig erlebt: »Gute Tarnung ist Handelsfreiheit nach Innen, sage ich mir, nur darauf kann es mir ankommen. Vollendete Höflichkeit – das hält doch alle ab zunahzukommen, nur daran liegt mir. Es ist doch ein ewiger Kampf, die Leute nicht mein Gesicht sehn zu lassen, bei jeder Unterhaltung auf Treppen, Strasse u. Büros« *(1,80)*.

Aber bedauern wir Benn in dieser Situation nicht zu sehr, ihm scheint Ruhebedürfnis und Realitätsentfernung für einen Künstler gefährlich, weshalb er den inneren und äußeren Strapazen auch etwas zugute halten kann:

> Manchmal, wenn ich mir einen eingegossen habe, gehe ich grinsend herum u. lache über diese dreckige Stadt, in der ein paar Straßen bunt u hell sind u. die anderen alle dämlichste Provinz. Manchmal bin ich überhaupt der Meinung, hier bietet sich eine köstliche Gelegenheit zu Doppelleben u. Dämonenzauber, am Tage jawohl u. zu Befehl u den Hintern rausgestreckt u. abends Destruktion u. Rassenschande... Tags Baldur, dem Licht ergeben, u nachts Loki, den Ratten pfeifend *(T 174)*.

Die Beobachtung der täglichen Vorgänge nimmt ihn gefangen, das Gesellschaftliche beschäftigt ihn sehr, er hat den eitlen Karrieredrang des Offizierskorps und das Strebertum der auf den kommenden Krieg hinsteuernden Wehrmacht im Visier (»rechts die dicken Fangschnüre an u um die Achsel, die ganze Milzgegend mit Orden u Marken dekoriert«). Das Milieu bleibt dem Außenseiter fremd. Andererseits versöhnen ihn formale Qualitäten, er schätzt das Knappe, Funktionale in den Beziehungen: *Kommandeur*besprechung hier, Dienstanzug, keine Weitschweifigkeiten, nur das Aktuelle« *(1,86)*. Die von menschlicher Zufälligkeit entblößte Planung eines Mobilmachungskalenders fasziniert ihn, Benn sieht Zusammenhänge zwischen Dienst und Kunst im Einhalten von »Secunde, Komma, Millimeter«, hier wittert er die »Form«, dem Wort »exact« spendet er großes Lob: »ein Wort, das ich unendlich liebe« *(1,83)*, das Militärische als Gegenbild zum verhaßten Dilettantismus.

Seine Stellung im Militär zwingt Benn zu gesellschaftlichen Kontakten mit dem Großgrundbesitz-, dem Garde- und Kavallerieadel, an dem er die »in jedem Wort, in jeder Nuance der Lebensäußerung durchschlagende Einheitlichkeit« *(T 171)* bewundert: »Nächst dem jüdischen ist mir ja das adlige das liebste Milieu« *(T 175)*. Zwar treten auf solchen Soireen, zumindest zu Beginn, Benns alte, herkunftsbedingte Inferioritätsgefühle wieder auf den Plan, seine Außenseiterängste werden spürbar, er fühlt sich gehemmt, bleibt ziemlich stumm. Aber schon bald reüssiert er, geht aus sich heraus und präsentiert sich, obwohl er aufgrund von Herkunft und Notlage stets nur der arme Mitreisende war, in der vollendeten Manier des Globetrotters: »Ich bin nun also ein gepflegter Bonvivant u. Causeur geworden – eine meiner neuen Masken« *(T 175)*. In der Ablehnung des NS-Regimes jedenfalls weiß Benn sich mit den Adligen einig: »Innerlich sind sie ja vollkommen *meiner* Ansicht« *(T 175)*.

Zunehmend jedoch werden ihm die gesellschaftlichen Materialschlachten widerwärtig, ewig die gleiche Brühe in Tassen, Gebratenes mit Mischgemüse, hinterher Eis, Unterhaltungen über Verwundungen und Heldentaten, das ödet ihn an. Er versucht, aus der Lage das Beste zu machen und bezieht nach langer Suche im Dezember 1935 endlich eine eigene Wohnung in einer »guten« Straße, drei Zimmer, neu hergerichtet, alle nach hinten liegend und auf einen Hof sehend, sehr ruhig, 1. Etage, Arnswaldtstraße 3. Während des Sommers macht Benn Sonntagsausflüge an die Weser, fährt im Autobus zu den Externsteinen und zum Hermannsdenkmal, auch nach Pyrmont, wo er im Kurpark das Wasser trinkende »Chimpansenvolk« *(1,55)* beobachtet, er besichtigt Minden und die Porta Westfalica, reist in die Lüneburger Heide, läßt sich auf dem Steinhuder Meer segeln, verbringt in der Holsteinischen Schweiz »einige gedichtgebärende Wochen« *(1,213)*, »es war reizend hier, still, einfach, gartenreich« *(1,140)*.

Bei diesen Stromerfahrten durch die norddeutsche Provinz macht sich die Ferne der Großstadt Berlin bitter bemerkbar. Überall entdeckt Benn das Plumpe, Unbewegbare, Sture, Versackte: »Nein«, schreibt er an Oelze, »ich kann Ihrer Berlinabneigung nicht zustimmen. Heute wie noch nie sieht man ja, wie sehr dies Land die Grosstadt, Riesenstadt, Metropole, verfaultesten Asphaltschund nötig hat: nur hier gebiert sich die Verfeinerung« *(1,58)*.

Trotz aller Fremdheiten und Melancholien, trotz des ermüdenden Dienstes ist Benn literarisch sehr produktiv, die Topographie Hannovers wird ihm vertraut; bei »Kröpcke«, einem repräsentativen Café der Stadtmitte, wo auch die Huren verkehren, müht er sich mit neuen Gedichten, fast jeden Abend verbringt er in der Stadthalle, »meiner neuesten Schwärmerei«:

> Links Wein–, r. Bier Terrasse, in der Mitte eine Kapelle, wenig Menschen, vor einem ein bisher völlig unveränderliches Gemälde: ein Bassin mit 2 Schwänen, eingefaßt von Alleen u. Blumenbeeten »in die Ferne sich verlierend«, weiträumige Perspective, jeden Abend atme ich auf, wenn ich mich niederlasse. Mit Linie 6, Richtung Kleefeld, zu erreichen, ab Kröpcke. Wie ich mir dies Gehirn auswasche mit Faulheit, Nichtsdenken, Indifferenz, wenn Sie von »Verantwortung« schreiben, fasse ich meinen Kriminalroman tiefer an u. lasse mich noch mehr ergreifen vom »Mord im Porphyrhaus« oder »Der schwarzen Taube« *(1,56f.)*.

Hier notiert Benn auf Rückseiten von Speisekarten später berühmt gewordene Strophen, etwa die von ihm ironisch so genannte »Stadthallenelegie«, die er am 6. August 1935 an Oelze schickt:

> Tag, der den Sommer endet
> Herz, dem das Zeichen fiel:
> die Flammen sind versendet,
> die Fluten und das Spiel.

Hier entsteht das Gedicht »Astern«, und unter die Strophen »Am Saum des nordischen Meers« schreibt Benn am 3. September 1935: »Eine Erinnerung. In der ›Stadthalle‹ nochmals überdacht« *(1,68)*.

Dabei dichtet er zu dieser Zeit noch keineswegs für die Schublade. Die Zeitschrift »Die Literatur«, das »Berliner Tageblatt« und das »Berliner 8-Uhr-Abendblatt« drucken seine Strophen. In der Reihe »Das Gedicht« bei Ellermann in Hamburg erscheint im Januar 1936 ein schmales Heft mit Gedichten, das er Freund Oelze widmet, bei dem er sich auch dafür entschuldigt, »dass die kleine Veröffentlichung nicht auffälliger u. prunkvoller erfolgte, aber es geht für mich im Augenblick nicht. Ich muss, wenn ich überhaupt publiziere, das

Die Stadthalle Hannover

etwas Unbemerkte bevorzugen, ich möchte nicht, daß meine Dienststellen viel davon bemerken« *(1,89)*.

Benns Vorsicht ist doppelt begründet. Zum einen wäre seine künstlerische Existenz der Armee suspekt, zum anderen scheint es ihm ratsam, sich möglichst aus den bestehenden Cliquen und Parteiungen herauszuhalten, »denn selbst sich blicken lassen, kann gefährlich sein. Nichts wissen bzw. tun, als ob man nichts wüßte, ist das ratsamste. Ich spiele den Frischen u. Naiven vielfach, eine drollige Rolle!« *(T 173)*.

Aber das Doppelleben läßt sich nicht rein durchhalten, der umsichtigen Mimikry steht ein öffentliches Ereignis im Wege, nämlich Benns fünfzigster Geburtstag am 2. Mai 1936. Oelze hatte im Januar 1935 eine Auswahl von Gedichten für eine Sammlung angeregt; tiefsinnige und kitschig-pathetische Titel werden erwogen (»Leben ist Brückenschlagen über Ströme, die vergehn«). Deswegen beschäftigt sich Benn noch einmal mit seinen »Gesammelten Gedichten« von 1927 und ist verblüfft über die Originalität seiner frühen Produktion, die auf neue Zusammenhänge und Umschichtungen des Gefühls hindeutet, gleichzeitig überfällt ihn Trauer darüber, daß er eben diese Produktion heute »vollkommen leugnen muß, streichen, fallenlassen«. In der Lektüre begegnet sich Benn historisch, er spricht vom Dichter der frühen Gedichte *(Fleisch. Gesammelte Lyrik, 1917)* wie von einem Toten:

Wie bin ich blos auf so unglaubliche Vergleiche, Worte, Zusammenstellungen, Erlebnisse gekommen, wie beweglich muss noch alles in mir gewesen sein, jung, unbeschwert, leichtsinnig, schwärmerisch *(1,100)*.

Und während Benn tagsüber sanitärtaktische Kriegsspiele vorbereitet und vor dem Chef einen Vortrag über den Mobilmachungskalender halten muß, begrübelt er spätabends, zwischen Migränen, Gallenschmerzen und Mißstimmungen die Auswahl des Gedichtbandes, der bei der Deutschen Verlagsanstalt erscheinen soll. Den 2. Mai, seinen Geburtstag, verbringt er mit seiner Tochter Nele in Hamburg, und wenn er die Zeitungen aufschlägt, findet er sich in langen Artikeln gewürdigt (»Berliner Börsenzeitung«, »Stuttgarter Neues Tageblatt«, »Königsberger Tageblatt«). Schon am 30. April hatte er abends im Café Kröpcke zufällig den Artikel von Pfeiffer-Belli »Der Fünfzigjährige« im »Berliner Tageblatt«, das ein Herr am Nebentisch las, gesehen: »Eine Erschütterung ohnegleichen. Das andere, das abgedeckte Leben bricht plötzlich wieder herein, alle seine Dämonen, Kämpfe, Qualen, Widernatürlichkeiten, seine Neurosen, Beengungen, sein tierisches Müssen in die einzigen Ausgänge: die Worte« *(AB 69)*.

Noch einmal treten die Freunde öffentlich für den Dichter ein: Kritiken von Egon Vietta, Carl Werckshagen und Frank Maraun, der versucht, Benn als einen Kämpfer für den Nationalsozialismus zu verteidigen, ihn vom Vorwurf der »Artistik« zu reinigen und den Verdacht des jüdischen Intellektualismus abzulenken. Diese Apologie war nötig. Denn während der Dichter noch mit seiner Tochter am Jungfernstieg die Möwen füttert, wird bereits der Text geschrieben, der sein Doppelleben in das Licht der nazistischen Öffentlichkeit zerrt und ihn in eine bedrohliche Lage bringt. Am 7. Mai 1936 erscheint in der SS-Wochenzeitung »Das Schwarze Korps« unter dem Titel »Der Selbsterreger« ein anonymer Angriff auf Benn. Stein des Anstoßes sind die frühen Gedichte *(Mann und Frau gehen durch die Krebsbaracke, D-Zug)*:

Aber Herr Benn wühlt seinen Stift nicht nur in stinkende Wunden, er macht auch in Erotik, und wie er das macht, das befähigt ihn glatt zum Nachfolger jener, die man wegen ihrer widernatürlichen Schweinereien aus dem Hause jagte. Gib es auf, Dichter Benn, die Zeiten für derartige Ferkeleien sind endgültig vorbei, daran ändert auch nichts die Tatsache, daß der Verleger vorsichtshalber unter den Titel setzte: 1911-1936. *(WW 198 f.)*.

Wenn Benn sich Oelze gegenüber noch im Januar erstaunt über die Qualität seiner frühen Dichtungen äußerte und sich seines produktiven »Abstiegs« schämte, dann hatte er vielleicht eine Vorahnung von der Einschätzung, die seine Gedichtsammlung im NS-Staat finden würde. Die Aggressivität seiner frühen Dichtungen gegenüber einer bürgerlich-spießigen Ästhetik, die nun zum staatlichen Credo gehörte, war ihm wohl bekannt. Bei Frank Maraun bedankt er sich daher für den Geburtstagsartikel in der »Berliner Börsenzeitung« und bittet ihn vorsorglich um eine kurze Besprechung der *Ausgewählten Gedichte,* weist aber darauf hin, daß dieser Band auf Schwierigkeiten stoßen wird:

> Der Band beginnt mit einem *Prolog,* gereimte Weltanschauung à la Benn, der gänzlich im Gegensatz steht zum Reichskultursenat und zu allem, was heute als Kunst und Aufbau gilt. Er beginnt: »Verfeinerung, Abstieg, Trauer –« er führt dies als schöpferisches Prinzip vor. – Wissen Sie, ich mache diese subalterne Kunstpolitik nicht mehr mit. Ich bin 50 Jahre, – soll man mich erschießen *(AB 68).*

Benn ist sich also über die möglichen Folgen der Veröffentlichung klar, spricht Maraun gegenüber aber davon, daß die verfehlte NS-Kulturpolitik eine Folge der mangelnden politischen Führung sei, die es Versagern überlassen müsse, sich um die wichtigen Einzelfragen zu kümmern. Da Benn politische Verhältnisse immer auch als Leistungen von Personen ansieht, scheint er der Überzeugung, daß dieser Staat bei richtigerer Förderung auch eine »bessere« Kunst hätte hervorbringen können.

Jedenfalls hatte er sich exponiert und in Bedrängnis gebracht. Benn war der Angriff anonym und mit einem Zettel »geiler Mistfink« übersandt worden *(T 94),* womit der Rächer aus dem Dunkel, ohne es zu wissen, genau *die* Klippe benennt, an der Benn zu scheitern droht, nämlich der Spießermoral: Benns militärische Ehre stand auf dem Spiel, für die Armee wäre er untragbar geworden, wenn ein Ehrengerichtsverfahren bestätigt hätte, daß es sich bei diesen Gedanken um »Ferkeleien« handelte.

Benn ist zunächst unentschieden. Soll er das Ganze auf sich beruhen lassen in der Hoffnung, es würde nicht ruchbar? Die Chancen dafür sind gering, und da der »Völkische Beobachter« den Artikel am 8. Mai übernimmt, entschließt er sich zu einer Meldung bei dem vorgesetzten General. Gleichzeitig bittet er Staatsrat Hanns Johst, der ihm wohlgesonnen und, als Präsident der Akademie der Künste – sowie der Reichsschrifttumskammer (ab 3. Oktober 1935) –, sehr einflußreich ist, um eine Ehrenerklärung. Außerdem wendet er sich per Eilbrief an einen alten Studienkameraden, Professor Walther Kittel, der eine maßgebliche Stellung als Sanitätsoffizier im Reichskriegsministerium bekleidet und der ihm bereits bei seiner Reaktivierung geholfen hat. Gleichzeitig legt er positive Rezensionen des Bandes vor. Benn kommt die Spannung zwischen Wehrmacht und Partei zu Hilfe, sein Kommandeur entscheidet: »Das ›Schwarze Korps‹ ist ein solches Saublatt, es kann einen Offizier gar nicht beleidigen – wenn es Sie lobte, wäre es anders – der Fall ist erledigt. Sie bleiben« *(IV 97)*. Zuvor hatte Benn eine ehrenwörtliche Erklärung abgeben müssen, daß er nicht homosexuell sei (das ›Schwarze Korps‹ hatte von »warmer Luft« gesprochen).

Benn vermutet, daß die Angriffe gegen seinen Gedichtband auch etwas mit der kulturpolitischen Auseinandersetzung zwischen Rosenberg und Goebbels zu tun haben: Der »Völkische Beobachter« wurde von Rosenberg herausgegeben. Da verschiedene Behörden des 3. Reiches – Propagandaministerium (Goebbels), Amt Rosenberg, Parteiamtliche Prüfungskommission (Bouhler) – sogenannte »Schrifttums-Abteilungen« hatten, kam es zu Kompetenzstreitigkeiten und Machtintrigen; in einem Punkt waren die Parteibürokraten sich jedoch einig: »Wer gegen unsere Weltanschauung kämpft«, so schrieb Hans Hagemeyer als Leiter der »Reichsstelle zur Förderung des deutschen Schrifttums« im Amt Rosenberg, »kämpft gegen Deutschland und ist als Landesverräter zu behandeln«.

Die Affäre geht gut aus: Ein von Goebbels eingefordertes Gutachten der Reichsschrifttumskammer (Hanns Johst) äußert sich positiv, das Reichskriegsministerium schlägt sich auf Benns Seite. Aber es kommt zu einem Nachspiel. Am 4. August 1936 schreibt die »Parteiamtliche Prüfungskommission«, die dem Stellvertreter des Führers, Rudolf Heß, unterstellt ist, an die Deutsche Verlagsanstalt:

> Die von ihnen herausgebrachte Gedichtsammlung von Gottfried Benn: Ausgewählte Gedichte darf auf keinen Fall unter Bezugnahme auf den Nationalsozialismus vertrieben werden ... Die Schrift kann nicht für sich in Anspruch nehmen, den Geist der Bewegung zu vertreten. Man fragt sich beim Durchlesen der Schrift, wie denn der Verleger es eigentlich rechtfertigen will, daß er so völlig überholte Arbeiten heute, im Jahre 1936, glaubt herausbringen zu können. Glaubt er wirklich im Ernst,

> einen Beitrag zur deutschen Kultur geleistet zu haben? Das müßte dann als ein bedenkliches Zeichen seines Verstehens des neuen Wollens, wie es sich im Nationalsozialismus verkörpert, betrachtet werden. Ich ersuche um Stellungnahme und Angabe über die Höhe der vorhandenen Auflage. Heil Hitler! gez. Hedrich.

Dieser Brief erreicht Benn in Kopie während eines Urlaubs in Malente gleichzeitig mit Fragebogen der NS-Prüfungskommission. Aber er weigert sich, die Formulare auszufüllen und verweist darauf, daß er seinen Ariernachweis bereits beim »Reichsverband Deutscher Schriftsteller« eingereicht habe. Unter Hinweis auf das zustimmende Presseecho zu seinem 50. Geburtstag besteht er darauf, gedruckt zu werden: Der Verlag »sei wohl berechtigt, vielleicht sogar der deutschen Öffentlichkeit gegenüber verpflichtet, dem Autor Geltung zu verschaffen«.

Das Ende vom Lied: Der Band *Gesammelte Gedichte* erscheint Ende des Jahres in einer zweiten Auflage, die Gedichte *Mann und Frau gehen durch die Krebsbaracke, D-Zug, Untergrundbahn* verfallen der Zensur. »Dann kann das Buch ›stillschweigend u. ohne Propaganda‹ (!) weiter vertrieben werden. Ich bin nicht sicher, daß ich darauf eingehe. Mir wäre es lieber, sie verböten es ganz« *(T 100)*.

Aber Benn wurmt die Nachstellerei, er akzeptiert den Gegner, läßt nicht locker, kann auf eine Rechtfertigung nicht verzichten. In einem längeren Brief an Carl Pagel, den Lektor seines Verlages, schreibt er:

> Kunst und Kultur sind zwei verschiedene Dinge. Ein Künstler liefert nicht Kulturdinge, sondern er macht Kunst. Viele berühmte Werke der deutschen Dichtung würden unter dem Gesichtspunkt ihres Kulturwerts äußerst fragwürdig erscheinen. Z. B. Penthesilea, eine Jungfrau, die ihren Geliebten, Achill, tötet und dann mit den Zähnen in Stücke reißt, ist zweifellos vom Moralischen aus pervers und für Volksbildung nicht verwertbar. *Judith,* die sich einem Mann hingibt, um ihn gleich nach der Hingabe aus politischen Gründen zu ermorden, ist in bezug auf ihr Weibtum und Liebesleben vom Standpunkt der Volksgemeinschaft aus untragbar. Trotzdem sind beide Stücke berühmte Bestandteile der deutschen Literatur und vom Kunststandpunkt aus geniale Werke.

Benn zeigt in dieser Affäre Zivilcourage: Kaum haben sich die Wogen etwas geglättet, versucht er sein publizistisches Heil von neuem. Zwar hatte er Freund Oelze im Mai 1936 mitgeteilt, er könne und dürfe nun nichts mehr schreiben, solange er Soldat sei. Am 5. Dezember 1936 aber bietet er der Zeitschrift

»Literatur« drei Gedichte und »einige Brocken aus einer neuen, als ganzes nicht druckbaren Arbeit in Prosa« an: die erste Spur von der Arbeit am *Weinhaus Wolf*. Benn gibt dem Essay den Namen eines Lokals in der Alten Aegidienstraße 32, ein paar Stufen in die große Gaststube, »die Bänke mit Tuch bezogen, immer je zwei traulich zu einer Kabine gruppiert«, das ist in der Landschaft der Provinzstadt Hannover neben der Stadthalle und dem Café Kröpcke der dritte Ort, den Benn anstrebt, wenn er arbeiten will, an dem er sich sammelt, um die Gedanken, die vorher in Briefen den Weg zu Oelze in die Hartwigstraße in Bremen gefunden haben, zu ordnen und in die Form eines Essays zu bringen: »Eigentlich ist es nur eine Zusammenfassung alles dessen, was in unseren Briefen, den Hannoverschen Briefen der letzten zwei Jahre stand« *(1,170)*.

Bis in die wortwörtliche Formulierung hinein hat Benn Einfälle aus den Briefen in die Prosa eingeschmolzen. Im Januar 1936 liest er Goethes *Novelle*; auf ihn wirkt die Geschichte wie eine Karikatur: »Betrachten Sie das Ganze: wilde Tiere brechen aus einer Menagerie aus *u. alles verläuft harmonisch!* Das Säuseln eines Knaben besänftigt die Natur« *(1,103)*.

Im *Weinhaus Wolf* benutzt Benn diese Formulierung dann, um den Gedanken der Harmonie zu diskreditieren, den er bei Goethe für eine Sache der Geheimratsbehaglichkeit hält: »Eine Menagerie fängt Feuer, die Buden brennen ab, die Tiger brechen aus, die Löwen sind los – und alles verläuft harmonisch. Nein, diese Epoche war vorbei, diese Erde abgebrannt, von Blitzen enthäutet, wund, heute bissen die Tiger« *(II 135)*.

Die große Klammer aller Gedankengänge dieser Jahre bildet die Frage nach der Geschichte, ihrem Sinn, ihrem Verlauf. Anläßlich der Lektüre von Tolstois *Krieg und Frieden* schreibt Benn am 5. März 1937 an Oelze:

> Ich komme endlich dahinter, daß *alle* großen Geister der weißen Rasse seit 500 Jahren die eigentliche innere Aufgabe darin erblickten, ihren Nihilismus zu bekämpfen u. zu verschleiern. Dürer, Goethe, Beethoven, Balzac, alle!

Und so liest sich diese Reflexion im *Weinhaus Wolf:*

> Alle großen Geister der weißen Völker haben, das ist ganz offenbar, nur die eine innere Aufgabe empfunden, ihren Nihilismus schöpferisch zu überdecken. Dieses Grundgefühl, das sich mit den verschiedensten zeitgebundenen Strömungen durchflocht – mit dem religiösen bei Dürer, dem moralischen bei Tolstoi, dem erkenntnismäßigen bei Kant, dem anthropologischen bei Goethe, dem kapitalistischen bei Balzac –, war das Grundelement aller ihrer Arbeiten *(II 146 f.)*.

Das Weinhaus Wolf

Angesichts der politischen Situation prüft Benn die »geistige Lage der weißen Völker« und ihre Berechtigung, die übrigen Völker zu leiten. Was haben sie vorzuweisen? Womit können sie ihren Herrschaftsanspruch legitimieren? Wer macht Geschichte? Eben jene Vertreter der »weißen Rasse«, die im *Weinhaus Wolf* am Nebentisch sitzen und Ragout essen, die sich durch nichts auszeichnen als durch »Genuß, wippiges Lachen, Niederkämpfen der Konkurrenz, wirtschaftliche Triumphe und wiederum vor den Witwen von Geschäftsfreunden Beileid. Individualitäten! Orgasmus zu seiner Stunde, später Weihwasser, auch Teilnahme an Festen« *(2,131)*.

Die spießige Lebensphilosophie und ihre Begründung im positiven Fortgang der Geschichte putzt Benn sarkastisch herunter (»dann hörte ich auch ihre Lieder – ja die Linde ist ihr Baum: süß, innig und man kann Tee daraus kochen«) und zum ersten Mal wird in seiner Prosa die Unversöhnlichkeit der geschichtlichen Spaltung aufgezeigt: »Handeln ist Kapitalismus, Rüstungsindustrie... – niemand kann die Geschichte mehr anders sehen denn als die Begründung von Massenmorden: Raub und Verklärung –: der Mechanismus der Macht« *(II 137)*.

Auf der Gegenseite der Geist und seine antinaturalistische Funktion, die Kunst, »um die Erfahrungen des tiefen Menschen zur Sprache zu bringen, in ihr nur fand er Stillung und Laut« *(II 139)*.

War der Geist von Anfang an das Gegenprinzip des Lebens, dessen Zerstörung? Benn ist sich nicht sicher, hat jedoch keinen Zweifel daran, daß die Gegenwart nur den Kampf der niederen Lebenswelt gegen das geistige Prinzip spiegelt. Der alternde Dichter abends im »Weinhaus Wolf«, der seine Wut und Enttäuschung über den Zustand der Menschheit zu Papier bringt, den der anstrengende Dienst ermüdet, der sich an Wochenenden die Öfen selbst heizt und den Kaffee aufbrüht, mittags essen im »Gildebräu« und abends der Kampf mit Wörtern und Melancholien: Manchmal packt ihn das heulende Elend, »wenn ich mir diese trostlose Stadt besehe« *(1,96)*. Er vermißt die Berliner Staatsbibliothek, macht einsame Spaziergänge, über die Menschen nachsinnend, die »mit so armseliger Ausstattung an Mitteln u. so hohem Besitz an Mängeln trotzdem dem Leben gegenübertreten u. standhalten müssen«, dann kehrt er heim: »Ich kann mich nicht erinnern, seit gestern mittag ein Wort gesprochen zu haben, nicht als ob ich's bedauerte« *(T 178)*.

Aber die Stummheit wird doch unterbrochen durch Anrufe und Besuche der Berliner Freundinnen Ellinor Büller-Klinkowström – »Morchen« – und Tilly Wedekind, die er beide mit ausführlichen Briefen unterhält. Aber im Januar 1937 bittet er Tilly, von einem Besuch in Hannover abzusehen: »Diese Art Beziehung, wo man sich alle Viertel- oder Halbjahr einige Tage sieht, sind für Dein u. sind für mein Leben zu schwierig u. unnatürlich« *(T 101)*. Zur gleichen Zeit spricht er »Morchen« gegenüber von der Einzigartigkeit ihres Verhältnisses, macht jedoch darauf aufmerksam, daß sich in ihren Beziehungen »das erotische Moment« abgebogen habe und trotz guten Willens von beiden Seiten nicht wieder zurückzuholen sei. Benn hat nämlich in Hannover »eine kleine Beziehung angesponnen, die mir etwas Wärme u. Beleuchtung in meine Existenz bringt u. die ich pflegen werde« *(T 82)*, Herta von Wedemeyer, sehr viel jünger als er, knapp dreißig Jahre, ein Mädchen aus armem Hannöverschen Adel, sie arbeitet in der Industrie, hilft Benn im Haushalt und schreibt für ihn. Zu einer Heirat sieht er sich vorerst nicht gedrängt. Er könnte für sie aufkommen, aber seine Stellung in der Armee, die hinsichtlich

Herta von Wedemayer

Ehre und Ehe einem besonders strengen Kodex folgt, – was Benn zu Beginn seines Hannoverschen Aufenthaltes mit Erstaunen registriert – läßt eine solche Lösung nicht zu: »Ihre Familie, Hannover, die Kleinstadt, der Klatsch –: also auch das ist unmöglich« *(T 189)*.

Über die gesellschaftliche Rücksicht hinaus gibt es Konflikte, die allein seine Person betreffen, er befürchtet, daß die junge Frau sein Leben nicht versteht, »alles das Bekannte Schwierige, Üble, Eiskalte an mir nicht begriffe u. voraussichtlich sich wund u tot dran liefe, da sie ja vielleicht ihre einfachen Erfahrungen mit Männern haben mag, aber die Tücken u. Lücken gewisser Persönlichkeitslagen nicht erfassen könnte« *(T 189f.)*. Dabei schildert Benn sie als klug, innerlich sicher, bescheiden, weitherzig, »erwartet vom Leben nicht mehr als es bieten kann«. Gleichzeitig aber fürchtet er seine eigene Verständnislosigkeit gegenüber ihrer Jugend, »alle diese Kinder dieser 2 Jahrzehnte haben doch ein völlig anderes Leben als wir... Geistige Interessen haben sie wohl, sogar wohl Hunger danach, aber keine Zeit u. keine Kräfte, sie aufzunehmen u. zu verarbeiten« *(T 190)*.

Als Benn am 30. Juni 1936 Hannover für immer verläßt und nach Berlin zurückkehrt, wohin er auf eigenen Antrag versetzt worden ist, bleibt er noch unschlüssig über die weitere Verbindung mit Herta von Wedemeyer, die auf seine Nachricht von der Versetzung hin krank wird: »Vielleicht ist sie froh, daß es vorbei ist. Vielleicht war es ihr zu kompliziert u. gefährlich geworden. Sonderbar« *(T 200)*. Am 21. Januar 1937 jedoch gibt Benn seine Vermählung mit ihr bekannt und an Oelze schreibt er diese desillusionierenden, so distanziert und geschäftig klingenden Zeilen:

> Keine Passion, keine Illusion, eine Sache der Ordnung des Lebens, der Hilfe für die äußeren Dinge, der Kameradschaft... Aber, sehn Sie, ich habe die letzten Jahre in zerrissener Bettwäsche geschlafen u. wenn ich krank war, mußte ich mir die Haferflocken allein durchs Sieb rühren –, ich mag nicht mehr! Soll ich nun hier ein Dienstmädchen nehmen, das nichts zu tun hat, oder eine Aufwartung, die stiehlt, u. daneben wieder die 2-3 Freundinnen, die doch auch alle geheiratet werden wollen, – da sagte ich mir, ich kombiniere das lieber alles u. nehme mir eine Frau, die gesellschaftlich sicher ist u. außerdem arbeiten kann u. die – 21 Jahre jünger, – zu erziehen mir sogar Freude macht u. der dieser elende Staat sogar noch Pension zahlen muß, wenn ich tot bin... Also, dies alles zusammen bestimmte mich, diesen Pagen in mein Leben zu nehmen, der mancherlei Talente hat, vor allem Schreibmaschine schreiben kann, nähen, kochen, arbeiten u. diese Veränderung seines Lebens als reine Arbeitsveränderung auffasst u. dementsprechend sich verhält *(1,178 f.)*.

Mehr als acht Jahre dauert diese Ehe, von der Benn später sagen wird: »Diese Verbindung war keine Leidenschaft, aber eine so unendliche Freundschaft u. Zärtlichkeit, daß ihr Verlust eine Kette von Trauer u. Tränen für mich bedeutet... Ich liebte sie sehr u. weiß nicht, was nun werden soll... ich habe immer das Gefühl, daß H.[erta] noch hier ist, in den Zimmern, in den Straßen, ich sehe sie mit ihrer Tasche kommen, am Stock, im roten Hut oder ihre Patience legend. Ich bin alt, Pläne habe ich nicht mehr, keine Hoffnung, auch keine Sehnsucht mehr« *(AB 95 f.)*: In den Wirren der letzten Kriegswochen nahm sich Herta Benn, von ihrem Mann getrennt, in Neuhaus an der Elbe mit einer Überdosis Morphium das Leben.

Bremen, Hartwigstraße 53: Freund Oelze, der »Glanzträger«

»ICH LEBTE ALSO so dahin in Wohnungen mäßigen bis mittleren Grades ohne viel Verbindungen, aber 1932 trat jener Herr Oelze aus Bremen in mein Leben, den ich selten sah, (...)der mich aber brieflich hoch- und wachhielt und in jenen Jahren Balsam in meine Schrunden träufelte« *(IV 169f.)*. So schreibt Benn rückblickend im zweiten Teil des *Doppellebens* (1950), wobei ihm offenbar entfallen ist, daß er 1932, als Dr. jur. Friedrich Wilhelm Oelze ihm seine Begeisterung über den Aufsatz *Goethe und die Naturwissenschaften* mitteilt, keineswegs zuvorkommend verfährt. Die Antwort auf die Verehrerpost ist schroff. Benn schlägt Oelze die Tür, durch die er in sein Leben treten will, vor der Nase zu:

> 21. XII 32
>
> Sehr geehrter Herr Oelze,
> vielen Dank für Ihren Brief. Mir eine grosse Freude, wenn Ihnen meine Aufsätze gefallen haben. Eine mündliche Unterhaltung würde Sie enttäuschen. Ich sage nicht mehr, als was in meinen Büchern steht.
> Seien Sie vielmals gegrüsst.
> Ihr sehr ergebener
> Dr Gottfried Benn.

Oelze ließ sich nicht abschrecken, und Benn hat ihm in 749 erhaltenen Briefen dann doch viel mehr gesagt, als in seinen Büchern steht, ja seine Essays und Gedichte sind oft ein Teilauszug aus dem Briefwechsel, der als Vorratskammer und Werkstatt dienen mußte:

> Wir haben nun im Verlauf der letzten 2 Jahre über bestimmte Themen soviel geredet und in unseren Briefen geschrieben, dass wir sie eigentlich einmal zusammenfassen und abschließen müssen. Ich werde mir daher erlauben, Ihnen in den nächsten Tagen meine letzte grössere Arbeit, nämlich »Das Weinhaus Wolf«, in dem einzig vorhandenen Schreibmaschinenexemplar zu übersenden. Eigentlich ist es nur eine Zusammenstellung unserer Briefe, an der Sie ebenso beteiligt sind wie ich *(1,191f.)*.

In der Tat: In diesem Briefwechsel entwickelt Benn seine geschichtsphilosophischen Gedanken, gibt uns Einblicke in die Auseinandersetzung mit dem Nazismus, berichtet über die Armee, über Kriegs- und Nachkriegszeit in Berlin, wir erfah-

Dr. jur. Friedrich Wilhelm Oelze, »das sonderbar krank und klug gemischte Gesicht« (*1,32*)

ren viel über seine Lektüre, Goethe und immer wieder Nietzsche, über den Fortgang der literarischen Produktion. Aber das ist nur die eine Seite. Denn in diesen Briefen berichtet Benn auch über sich, sie sind seine eigentliche Autobiographie, obwohl das Verhältnis zu Oelze immer in einer Distanz bleibt, die letzte Bekenntnisse ausschließt. Dieser Briefwechsel ist ritualisiert, aber je länger er dauert, desto wichtiger wird der Hanseat für den Dichter, zeitweilig sind es einzig die Zeilen auf dem blauen Papier, die ihn am Leben erhalten. Das klingt pathetisch, aber es ist in *dem* Sinne wahr, daß Benn in Oelze immer einen archimedischen Punkt gehabt hat. Für ihn konnte er seine Gedanken und seine Klagen zu Papier bringen, er konnte darauf bauen, Antwort zu bekommen und auch verstanden zu werden: »Viele Grüsse, lieber Herr Oelze! Sie sind die einzige Bekanntschaft aus einem Jahrzehnt, die mir wertvoll geworden ist, an der ich hänge« (17.2.1935); »ich verdanke Ihnen soviel; Ihr Interesse, Ihre Teilnahme ermöglichte es mir, meine Gedanken weiterzuspinnen, sie festzuhalten« (7.8.1943); »wenn je noch einmal etwas Neues in mir entsteht u. produktiv – was man so nennt – wird, verdankt es sich ganz allein Ihrer einzigen Anregung« (2.12.1945).

Freund Oelze ist für Benn die »Diskussions- und Krisenzentrale« *(2,155)*, und es wäre sicherlich nicht mehr als recht und billig, wenn er für manche Prosa-Arbeiten als Verfasser mitgenannt worden wäre, denn der Mangel an ausgetauschten Briefen wird von Benn sogar zur »Ausdrucks-Schuld« erklärt:

> Wenn das vorstehende mangelhaft empfunden u. unvollkommen ausgedrückt ist, ist es Ihre Schuld –, Schuld unserer spärlich gewordenen Briefe, in denen wir früher unsere Vorarbeiten verrichteten: jetzt muss ich selber auf meinen eigenen Krücken gehn u. mit den Krücken mich vortasten in neue Reiche *(1,327)*.

Sehr oft hat Benn Oelze gegenüber betont, wie wichtig ihm die Zusammenarbeit ist, aus der er allein den literarischen Vorteil gewonnen hat. Denn Oelze hält sich zurück, steht im Schatten des Meisters. Aber anläßlich des Aufsatzes über Julius Evola spricht Benn davon, daß er die Arbeit fast dem Bremer Echo gewidmet hätte, »da wir ihn ja gemeinsam geschrieben haben« *(1,45)*.

Eine briefliche Männerfreundschaft, in die niemand anders Einblick nehmen sollte. Und die sogar zu guter Letzt noch zum Zuträger von Geheimbotschaften wird:

> Lieber Herr Oelze, wir kennen uns nun 25 Jahre und darum erlaube ich mir mit einer Bitte zu kommen, für die ich um Wohlwollen bitte. Es handelt sich um folgendes: ich möchte unter allen Umständen bald noch einmal nach Bremen oder Umgebung fahren, da ich da etwas unerledigt zurücklassen mußte... Das kann ich nur bewerkstelligen, wenn Sie mir etwas helfen, um es hier unauffällig zu machen... Richten Sie bitte Ihre Gedanken nicht in Richtung Erotik, sondern in der Richtung, dass es einen sehr berührt, wenn man als alter Mann überhaupt noch auf ein inneres Entgegenkommen bei reizvollen jungen Frauen stößt, auf eine Berührung der Sphären, zu denen natürlich auch die Erotik gehört, die aber etwas ganz anderes bewirken und bedeuten, nämlich eine Art Bewegung affektiver Schichten, die einen für eine Weile fortführen von Erstarrung, Müdigkeit, Fettwerden, Ranzigwerden *(3,216f.)*.

Während noch zu Anfang der Beziehung Oelze öfters schreibt und der Dichter sich vornehm zurückhält, kehren sich im Laufe der Jahre die Verhältnisse um: Benn wird der Bedürftigere, er ist davon abhängig, die blauen Briefe zu bekommen und die Klagen über den Zustand der Zeit und seine Kümmernisse loszuwerden.

Trotzdem, und das ist vielleicht ein Grund für die Dauerhaftigkeit, kommt es niemals zu einer Verbrüderung zwischen dem Kaufmann und dem Dichter. Zwar sind sich beide von 1935 bis 1956 fast jedes Jahr persönlich begegnet – Oelze reist nach Berlin und Hannover, Benn kam 1951 und 1954 nach Bremen – aber diese Begegnungen waren mit einer gewissen Unsicherheit belastet, als könne man sich von »Angesicht zu Angesicht« zu nahe kommen, als könne das Verhältnis einen zu intimen Einschlag erhalten, der es verletzte und banalisierte. Benn ist daher nach dem ersten Besuch Oelzes im Februar 1934 erleichtert:

> Lieber Herr Oelze, obschon ich mir völlig klar war über die innere Schwierigkeit unserer Begegnung, auch für mich, ging ich ihr nicht aus dem Weg. Unsere schriftliche Freundschaft war mir so viel wert, es zu versuchen. Ich freue mich nun aufrichtig, dass wir uns kennen lernten und ich danke Ihnen nochmals für Ihren Besuch *(1,32)*.

Diese Scheu vor einer Nähe, die das intellektuelle Vertrauen des Briefwechsels durch unkontrollierte Affektivität gefährden könnte, führte zu skurrilen Formen. Benn hatte Oelze seinen Besuch in der Hartwigstraße in Bremen angesagt. Statt dessen kam ein Brief: »Als ich am Bahnhof die Straßenbahn mit dem Schild ›Hartwigstraße‹ sah, bin ich umgekehrt; ich wußte nicht mehr, ob ich Ihnen gelegen kommen würde«. Einmal begegnete Oelze Benn in Hannover auf der Straße, auf

Oelzes Haus in der Hartwigstraße

dem Wege zum Treffpunkt. »Benn wandte sich ab, ging auf einem Umweg zu dem verabredeten Lokal und tat, als habe man sich nicht gesehen«.

Von Benns Briefpartner bekommen wir leider nur ein virtuelles Bild, das zudem noch von poetischer Verklärungssucht geprägt scheint: Benn modelt den Kaufmann zur Kunstfigur um (Rühmkorf), stelzt ihn zum gesellschaftlichen Glanzträger des hanseatischen Senatorenadels hoch, Oelze muß herhalten für die Bennschen Bilder von großer Gesellschaft.

Dabei war dem Bremer Kaufmann jede Öffentlichkeit gerade verhaßt, er lebte trotz Wohlstandes (vor allem von seiten seiner Frau) sehr zurückgezogen in mäßig aufwendigen Häusern. Nach dem Studium war Friedrich Wilhelm Oelze (3.1.1891-13.12.1978) ab 1913 als Referendar am Amtsgericht Bremen in Zivil- und Strafsachen tätig, ab 1919 auch beim Landgericht. Im Mai 1920 promovierte er an der Universität Rostock zum Dr. jur. – über das Thema: »Der § 360 Z. 11 R.St.G.B. ›grober Unfug‹ und die Presse« –, ließ sich Ende des Jahres aber beurlauben und arbeitete von nun an in der väterlichen Rumimportfirma F. A. Ebbeke, die auf Jamaika vor dem 1. Weltkrieg eigene Plantagen unterhielt. In den 20er Jahren beteiligte er sich an der Getreidefirma Mencke in Bremen und

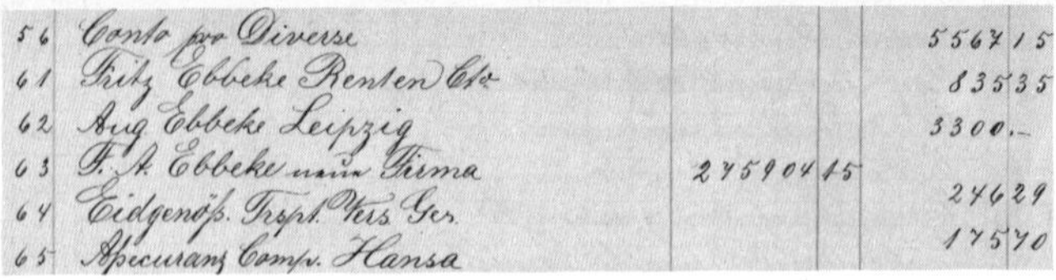

56	Conto pro Diverse		5567 15
61	Fritz Ebbeke Renten Cto		835 35
62	Aug Ebbeke Leipzig		3300.–
63	F. A. Ebbeke neue Firma	275904 15	
64	Eidgenöß. Trspt. Vers. Ges.		246 29
65	Aßecuranz Comp. Hansa		175 70

Auszug aus einer Kapitalaufstellung der Firma F. A. Eebbecke

übernahm schließlich um 1950 die Weinimportfirma Wermuth und Co. Oelze reiste viel, geschäftlich natürlich, aber vor allem als Kunstliebhaber: zu Ausstellungen nach Italien, Auktionen in London und Paris; sehr oft fuhr er nach Amsterdam, wo sein Bruder Hugo als Kunsthändler lebte. Bürgerliche Bildung: Oelze verkörperte sie, Goethes *Faust* mußte er streckenweise schon als Kind auswendig lernen, Geschichte und Politik interessierten ihn zeitlebens, zudem war er hochmusikalisch, spielte Klavier. Ein Landgut in Häcklingen bei Lüneburg, das zur Bewirtschaftung verpachtet war, die Anzüge ausschließlich von Londoner Schneidern, zu gelegentlichen Soireen in kleinem Kreis die Dichter Rudolf Alexander Schröder und Rudolf Borchardt als Gäste: Der feinsinnigen Bürgerwelt der Hartwigstraße, der Horner Heerstraße und der Oberneulander Landstraße, die in den Kontoren von Zürich, Kingston (Jamaika) und Brüssel verkehrte, stand der Kassenarzt, der auf den Pfennig schauen mußte und deswegen nicht reisen konnte, natürlich ambivalent gegenüber. Sie lieferte das Anschauungsmaterial für die Bennsche Formel, auf die er den Lauf der Geschichte bringt: »Die Armen wollen hoch und die Reichen nicht herunter« *(IV 209)*.

Aber in Oelze fand er für diese Ansichten einen Komplizen, dem zwar »gewisse Provokationen und Aggressionen nach der stilistischen und moralischen Richtung« unheimlich waren, der aber Benn gegenüber von den Vorbehalten gegenüber der eigenen sozialen Schicht keinen Hehl machte:

> So weit kennen Sie mich, daß Sie um meinen fortwährenden, seit mehr als 40 Jahren durchgestandenen Kampf gegen das mir eingeborene Bürger- und Gutsbesitzerblut, – der ein Kampf gegen meine eigene soziale Schicht werden mußte, – wissen; um einen Kampf gegen die Vorurteile dieser Schicht, meinen Haß gegen ihre pharisäische Anmaßung, meine Auflehnung gegen das bequeme Vor- und Nachurteil der ›Gebildeten‹, gegen alles Anerkannte, Sanktionierte, Gültige, Eingleisige, gegen die Pseudoobjektivität aus Opportunismus – aber nach außen, im Anzug, in der Geste, in der Beachtung strenger Formalitäten blieb ich ein Angehöriger jener Welt *(12. 5. 1950)*.

Oelzes Villa, Horner Heerstraße 7

Diesen Zwiespalt aber, der Oelzes Leben stark bestimmt und der ja auch *ein* Grund für seine schrankenlose Verehrung des »Jakobiners« Benn ist (»ich liebe und bewundere das grundsätzlich Oppositionelle, Antithetische, Aggressive, durchgehend Nonkonformistische Ihrer Haltung glühend..., in Ihnen fand ich mein Evangelium, auf das ich jeden Eid zu leisten mich entschloß«), will Benn nicht wahrhaben. Er stellt Oelze auf ein Podest und ironisiert die gesellschaftliche Distanz durch eine Selbsterniedrigung, die manchmal schmerzliche Formen annimmt. »Wozu es die Laus aus Mansfeld (Westprignitz) alles bringen kann«, schreibt er nach einer Reise zu einer Lesung, »alles versammelt, was gut u teuer ist. Ganz Westdeutschland, Basel, Baden-Baden«. Und in diesem Kreis, dessen gesellschaftlicher Einfluß durch Geld gebildet wird, steht der Dichter, der aufgrund seines Geistes mithalten kann: »Bestechende Eleganz« in der Diskussion bescheinigt ihm sein Verleger, und Benn ist stolz auf dieses Urteil *(3,256)*.

Aber diese Momente gesellschaftlichen Glanzes sind flüchtig angesichts der Beständigkeit des kaufmännischen Geburtsadels und seines Reichtums, der eine Weltläufigkeit und Freiheit schafft, die dem Berliner Poeten versagt bleiben: »Am Sonntag fahren wir fort. *Wohin*, kann man Ihren feinen Bordighera- u Mallorcakreisen garnicht sagen. Wir fahren nach *Glücksburg* an der Ostsee, soll sehr hübsch sein« *(3,250)*.

Auf Oelzes Villenterrasse, die sich in den Park vorschiebt, werden die Rotweinbouteillen aus dem väterlichen Bestand

»Ihr Haus in Oberneuland reizend, ganz Königin Luise« *(2,19)*

kredenzt, für die der Pfarrerssohn keine Kennerschaft entwikkeln konnte; der Kaufmann macht die Reisen, von denen der Dichter nur träumt; und dessen Frau schneidet die Rosen, die Benn nur in Strophen verewigen kann:

Wie ist das nur – ich will die Quitten sehn –
nun sind die Rosen da und blühn und eilen.
Werde ich nie durch Ihren Garten gehn,
auf der Terrasse schweigend mich verweilen?

Werde ich nie an Ihren Deichen sein
im Blick das Bild der windgebogenen Bäume –
bald ist es Herbst, Madame, wir schlafen ein,
long, long ago die Glück- und Rosenträume...

9 VI 50

Gottfried Benn.

Oberneuland-Berlin.
Frau Charlotte Oelze.

Benn sieht seinen Freund als die »gesellschaftlich so qualifizierte Persönlichkeit, die den Senatorenkreisen nahesteht und so englisch stilisiert ist«, der Jasminparfum trägt und als Bürger sogar ein Familienwappen hat: Das sind fast die aristokratischen Gefilde, denen er seine Hochachtung nicht versagen konnte:

Werden Sie wieder und noch und immer weiter zu den Glanzträgern und Vollkommenen der Erde gehören mit neuen Aufträgen, Geschäften, Coups, Konten, Syndikaten und dem ganzen Konglomerat aus Schönheit, Lässigkeit, Schick, Auftrieb, Liebe, Slepingcar der Welt zwischen Biarritz und Rupenhorn? Wohl Ihnen! Wenn schon »Leben«, dann in Üppigkeit und Finessen, nur das Niedersächsische sei verbannt *(1,130)*.

Er interessiert sich für die Details des Bekleidungskomments der Bremer Bourgeoisie mit sehnsüchtiger Neugier, nicht, daß er diese Höhen erreichen könnte, aber den Wert der Normen einschätzen, sich durch ihre Kenntnis Beteiligung verschaffen, das möchte er schon: »Sie trugen eine *hellgraue* Weste beim letzten Mal. Darüber wüsste ich gerne etwas Näheres. Tut man das jetzt? Andersfarbige Weste?« *(1,78)*. Sicherlich, dieses Interesse für die »Großen« wird diktiert von dem Gefühl des Zukurzgekommenen, die Beschreibung hanseatischer Eleganz erfolgt aus der Perspektive des Pfarrhauses, besonders wenn es um Äußerlichkeiten der gesellschaftlichen Rangliste geht:

Lieber Herr Oelze, das mit Ihrem Anzug war nicht snobig gemeint. Bei Ihnen gehört Ihr Anzug zu Ihrem Ausdruck: er drückt bei Ihnen was aus. Außerdem interessiert mich wirkliches Wissen um die gesellschaftlichen Dinge immer sehr. z.B. ob Sie zu dem Anzug Gamaschen anziehn würden, u. was für welche? Weisse? Ich betrachte das alles bei Ihnen mit ausgesprochenem Eifer! *(1,128f.)*.

Gelegentlich bekommt »die Wanze aus der Bozenerstraße« *(3,225)* dann schwere Schuldgefühle, wenn sie versucht, durch Neugier und Interesse in Bereiche einzudringen, deren sie doch nur durch Kenntnisse aus zweiter Hand teilhaftig werden kann:

Lieber Herr Oelze, Sie schreiben in Ihrem letzten Brief von den vielen Aufgaben u. Pflichten, die Ihr Leben bestimmen und füllen gewiss: um mir in feiner, Ihrer englischen, Weise deutlich zu machen, wie viel, allzuviel von Ihrer kostbaren Zeit u. Persönlichkeit ich mit meinem Gewese in Anspruch nehme, indem ich Ihnen oft schreibe u. Sie ungebührlich in meine Sphäre hineinziehe. Sie haben Recht! Es ist gut, dass Sie es mir bedeuteten. Ich wusste es allerdings auch schon so *(1,97)*.

Im übrigen ist es die gleiche Weltsicht, ein grundlegender Nihilismus, der die beiden Männer verbindet, Ablehnung der Masse, das Bewußtsein, Außenseiter zu sein. Als 1950 die ersten Gottfried-Benn-Sendungen bei Radio Bremen entstanden, schrieb Oelze zu den Gründen seiner gesellschaftlichen Isolation an Gert Westphal:

> Ich brauche Ihnen nicht zu sagen, daß ich selbst es als keinen geringen Glücksfall betrachte, einem Menschen zu begegnen, mit dem man sich über die fünf oder sechs Grundfragen, auf die es ankommt, ohne Diskussion versteht. Wer sich von den Vorgängen distanziert, sich gegenüber den die Gemeinschaft bewegenden Fragen neutral verhält, gilt im voraus als unzuverlässig und gefährlich, wer sich weigert, der Massenmeinung das Kriterium objektiver Wahrheit zuzubilligen und ihre ideologischen Autoritäten als verbindlich anzuerkennen, wird wie ein Verdächtiger gemieden und so erreicht man zuletzt jenen wünschenswerten Zustand, wo die Verbände und die Kongresse aufhören und nur die Wenigen uns noch erreichen.

Benn formuliert die gleiche Abneigung gegen die kritiklose, sich dem Leben hingebende Menschheit noch unversöhnlicher:

> Ich möchte einmal wieder ganz allein sein, auch ohne Wohnung. Ich kann diese sturen Gestalten ringsherum garnicht mehr verächtlich finden etwa, keineswegs, sie gehen alle ihren armseligen engen Weg mit Weib und Kindern u. starken Dekorationsdrängen und Kriegsverdienstkreuzbestrebungen – nichts gegen sie, es muss so sein, bloss vor der Berührung mit ihnen behüte mich, wenn es irgendetwas Transcendentes giebt, Schicksal oder Ordnung oder Götter oder Zufall, es behüte mich. Die Sprache, die Redewendungen, die Unterhaltungsallüren – es behüte mich. Menschen mit körperlichen Widerlichkeiten geht man aus dem Wege, aber mit solchen mit Ansichten, die doch auch nichts anderes sind als Absonderung, Wunde, zellulöser Unflat, muss man kameradschaftlich u. gesellschaftlich verkehren. Sonst ist man »eigenbrödlerisch«, »verschlossen«, vor allem arrogant. Was Sie neulich schrieben, ist so wahr darüber. Mit keiner Maske ist das zu verdecken, mit keinem Lächeln abzuschwächen, man ist gezeichnet u. fremd: der Gegentyp. *(1,254)*

Das oft ironisch gebrochene Einverständnis der beiden Außenseiter wird ergänzt durch ein bedeutendes Vertrauen, das sie verbindet. Benn macht ab Juni 1934 aus seiner Ablehnung gegen die Nazis keinen Hehl mehr, wobei seine Aversion sich sicherlich auch aus der Enttäuschung darüber speist, daß es der Partei nicht gelungen ist, einer neuen Kunst zum Durchbruch zu verhelfen und daß persönliche Intriguen und Beutelschneidereien der »Führung« an der Tagesordnung sind.

Auch Oelze, der noch im März 1933 in die Partei eintritt, im Juli 1934 aber die Annahme des Mitgliedbuches verweigert, kommt nach dem »Röhmputsch« zunehmend in Opposition zum Regime. Im Kriege gehört er zum Stabe von General Wagner, der ebenso wie Oelzes engste Mitarbeiter Graf Schwerin und Oberleutnant von Haeften im Zusammenhang mit dem 20. Juli 1944 erschossen wird.

In den ersten Kriegsjahren schreibt Benn zeitweise Briefe von einer nicht ungefährlichen Offenheit, in denen er Informationen aus dem Oberkommando der Wehrmacht und dem

Umkreis seiner Tochter in Kopenhagen weitergibt (Steinhagen; *3,275)*. Als Oelze nach Brüssel versetzt wird und Briefe nur per Feldpost befördert werden, schreibt Benn vorsichtiger. Seine Erwartung der endgültigen Wende im Kriegsverlauf formuliert er oft nur bildlich, indem er Hoffnungen auf den baldigen Frühlingsbeginn ausspricht. Benn war, das kann man sich gar nicht oft genug vor Augen halten, von 1935 bis 1945 beim Militär, zwar nur in Bürostuben und hinter Schreibtischen, ab 1937 erst in der Bendlerstraße (Dienststelle Befehlshaber Ersatzheer, ab 1939 Oberstleutnant), ab 1941 in der Kurfürstenstraße (Generalkommando, III. Armeekorps), aber doch an den Informationsquellen. Auch von seinem Bruder, der beim OKW (Abwehr) arbeitet, heimst er Nachrichten ein und gibt sie dem Komplizen weiter: »Was die *Lage* angeht, so ist sie von kristallener Klarheit. Es wird kaum Überraschungen mehr geben«, schreibt er am 2. Januar 1943 an Oelze, nachdem die Amerikaner und Engländer in Nordafrika gelandet sind und Stalingrad der Einschließung nicht hat entgehen können, »›die Birne ist reif‹, um Napoleons Redensart zu variieren« *(1,327)*. »Der grosse Coup rückt näher« heißt es am 30. Juli 1943 und am 5. März 1944: »Ich hörte kürzlich, dass der Beginn des Frühlings doch erst für den Monat Mai erwartet wird« *(1,353):* Benn meinte die erwartete Invasion der Alliierten in Frankreich.

> Deutschland hat seine Bestien hochgelassen, schrieb Heinrich Mann bald nach seiner Emigration, aber alles, was die Emigranten schrieben, genügte uns hier nicht. Waren es die Bestien oder waren es die Deutschen, fragten wir uns immer wieder, die hier genasen? (...) Nein, man muß bekennen, es waren nicht die Bestien, es war Deutschland, das in dieser Bewegung seine Identität zur Darstellung brachte (...). Die deutsche Armee war bis 1938 innerhalb des Nazideutschland die letzte Elite und der Kern von Fond. Der Eintritt in die Armee war, wie ich damals sagte, die aristokratische Form der Emigration. Mit dem Ausstoßen des Generalobersten Freiherrn von Fritsch begann das Ende. Was sich jetzt noch hielt oder hochkam, war Kreatur *(I 375 ff.)*

Solche Sätze, Benn schrieb sie 1949, sind durch den Briefwechsel mit Oelze vorbereitet, der Ekel vor dem besinnungslosen Mitmachen der deutschen Intelligenz, vor dem Muckertum, das durch Blockwarte und NS-Frauenschaftlerinnen seine Geschichte machen läßt. Im Affekt gegen die Deutschen sind sich Oelze und Benn einig. »Der Deutsche ist nur ganz er selbst, wenn er mit einer Formlosigkeit beginnt. Das ist das germanische Glück« *(1,46)*. Weserlied, Witukindberg bei der

Porta Westfalica, überhaupt das norddeutsche Nebel- und Nifl-Heim, wo die Asen hausen, der Provinzmief als Inbegriff der Nation. Daß seine Tochter Nele den Antrag auf die dänische Staatsbürgerschaft gestellt hat, begrüßt Benn mit den Worten: »Ich kann je länger je weniger finden, dass wir das auserwählte Volk sind und es das schlechthinnige Glück sei, ihm anzugehören« *(1,130)*. Besonders abschätzig sind Benns Bemerkungen über den autoritären Charakter der Deutschen und ihr militärisches Durchsetzungsvermögen:

> Ich gewinne erneut ein tiefes Verständnis für das Geheimnis unserer Siege, – Siege: die Vernichtung als Masstab u. die Zahl der Leichen als Erfolg. Hinter dem allen steht weniger Mordgier, als eine unendliche Bequemlichkeit u. Dummheit. Und dann wirkt wohl bei keinem anderen Volk der Erde die Familie u. alles, was dazu gehört, so armselig u. kläglich machend, so genügsam u. bescheiden, mit einem Wort so demoralisierend wie das beim deutschen der Fall ist. Die Rücksicht »auf die Familie« rechtfertigt jede Feigheit, jedes Zurückbleiben, jede intellectuelle Bastardierung *(1,277)*.

Wie immer, so ist der Briefwechsel mit Oelze auch für diese Frage nur die Werkstatt, in der ein Stück Prosa zusammengesetzt wird. »Das deutsche Problem ist unlösbar; man kann es nur noch flächenhaft u. beschreibend betrachten. Das tue ich wieder in meiner Weise u. füge meiner Hinterlassenschaft einige weitere Feststellungen in dieser Richtung an« *(1,290)*. Mit diesen kryptischen Bemerkungen meint Benn seinen Essay *Kunst und 3. Reich,* der vom 23. Oktober-3. November 1941 entsteht, und den er in den Band *Ausdruckswelt* mit dem Untertitel »Beiträge zur Klinik des Deutschtums« aufgenommen wissen will, wenn es wieder Möglichkeiten der Veröffentlichung gibt. Das Buch erscheint im Juni 1949. Den Untertitel hat Benn weggelassen. Und auch ein Stück Prosa, das zu Lebzeiten nicht mehr veröffentlicht wurde *(Zum Thema Geschichte)*. Benn läßt sich dort ein Rezept einfallen, um die deutsche Misere langfristig zu bessern: »Die Kinder vom sechsten bis sechzehnten Jahr nach Wahl der Eltern in der Schweiz, in England, Frankreich, Amerika, Dänemark auf Staatskosten erziehen« *(I 388)*.

Es ist üblich geworden, das Bennsche Comeback mit der Restauration der 50er Jahre in Verbindung zu bringen. Freund Oelze hätte für derlei Erklärungen wenig Sinn entwickelt. Er findet es bedenklich, daß Benn in politischen Kreisen nun anerkannt ist. Daß Kanzler Kiesinger ein Benn-Leser sein soll, bringt ihn auf die Barrikaden:

> Denn wir wollen uns doch über Kiesinger nicht täuschen: Er ist ein ebenso gefälliger wie listiger, daher doppelt gefährlicher Reaktionär, nichts als das freundlich-täuschende Aushängeschild der wohlbekannten ambitionistisch-nationalistischen Clique, die ihn herausgestellt hat: der Strauß - Abs - Guttenberg, dieser *wirklichen* Manipulatoren der Westdeutschen Kollisionspolitik, deren letztes Ziel, die Notstandsdiktatur, sie mit Hilfe einer schmählichen großen Koalition erzwingen wollen, (und werden). Die politische Dummheit und Gemeinheit der Springer-Deutschen, ist so gigantisch, es erstaunt mich nicht, daß sie nun einem Kanzler zuschwärmen, dessen Verhältnis zur Demokratie mehr als fragwürdig ist und dessen eitle Repräsentationsgedanken noch im Dunkel leuchtender Endjahre des wilhelminischen Byzantinismus alle diejenigen mahnen muß, die wie ich ihre entscheidenden Eindrücke in den Jahren zwischen 1907 und 1918 erfahren haben.

Vor allem wuchs Oelze seit 1936 die Rolle des Lordsiegelbewahrers des Bennschen Oeuvres zu. Schon während der Jahre in Hannover schickte Benn Gedichte an ihn, von denen er selbst kein Doppel hatte und bat später um Abschriften. Als er die Herausgabe der *Gesammelten Gedichte* plante, ersuchte er Oelze um eine Zusammenstellung und als ihm gelegentlich der Gedanke kommt, er könne unvermutet schnell sterben, bittet er den Freund, für den Druck der letzten Gedichte zu sorgen, und zwar in der Zeitschrift »Die Literatur« (12. September 1936). Von *Weinhaus Wolf* hat er kein eigenes Exemplar *(1,344)*, die in Landsberg an der Warthe 1943-45 fertiggestellten Teile der *Ausdruckswelt* und des *Roman des Phänotyp* landen, als vorschriftsmäßiges Dienstpaket »Nachlaß Rönne« getarnt, bei Oelze, dessen Frau die Manuskripte in Fischerhude bei Bremen in Sicherheit bringt. Und von Stund an gibt es keine Zeile, keine Korrektur, keine Rezension, keinen Vortrag und keine Ehrung, von denen Oelze nicht ins Bild gesetzt würde: Oft genug bittet Benn ihn um seinen Ratschlag.

Im Laufe der Jahre nehmen die persönlichen Themen zu, die Fragen des inneren und äußeren Befindens, des Alters, des Todes. Benn gibt seinem Freund ärztliche Ratschläge, diskutiert mit ihm die psychischen Grundlagen organischer Krankheiten: »Ihre geschilderten körperlichen Miss-zustände brauchen Sie nicht zu beunruhigen, sie sind die Steuer, die wir für unsere Nerven u. deren Verfeinerung zahlen müssen, niemand ist ohne dem gross u alt geworden« *(1,344)*. Gleichzeitig aber rät er ihm zu einem Hormonpräparat, »das Allgemeinbefinden u. Stimmung deutlich hebt, wöchentlich zwei Spritzen. Ich könnte mir denken, dass es auch dem Ischias gut täte« *(1,345)*.

Als Mitglied des Reichstuberkuloseausschusses kennt Benn

die schnelle Zunahme der Lungenkrankheit aufgrund der Mangelernährung zu Ende des Kriegs, und er warnt Oelze als »bedrohten Tbc-Typ« vor leichtfertigem Umgang mit einer Grippe. In einer Ferndiagnose glaubt er gar eine »Sexualneurose« zu entdecken und rät zur Psychoanalyse oder zur Selbstkur: »Über diesen Schatten kann man springen« *(3,24)*. Der Arzt macht seinem Patienten gar Vorwürfe, er träte nicht genug von sich zurück, sei zu empfindlich *(3,24)*, berichtet aber gleichzeitig von den eigenen »Dumpfheiten«, denen sich auszubreiten Gelegenheit gegeben wird »in Hoffnung auf ihre dialectische Natur« *(3,25)*. Einmal äußert Oelze, er wolle Arzt werden, Benn rät dringend ab und spricht über die Schwierigkeiten seines Berufs, die Rätselhaftigkeit des Lebens:

> Lieber Herr Oelze, ich gedenke Ihrer öfter, auch abgesehn von allen geistigen Debatten, gegenständlich, irdisch, gesundheitlich. Wir müssen doch alle soviel ausstehn u. leiden, wenn wir degeneriert u. körperlich verfeinert sind. Unerträglich doch manchmal das alles! Kaum ein Tag ohne die schlimmsten Dinge. Dass man das alles immer weiter durchführt, sogar noch Angst hat vor dem Aufhören des Ganzen, ist eines der Rätsel mehr *(1,185)*.

Es sind die Zusammenhänge von privaten Lebensumständen und politischen Druckverhältnissen, in die wir Einsicht gewinnen, in die Gründe der seelischen Verzweiflungen und Selbstzweifel beider Briefschreiber, in die banalen Seiten ihres Alltags, in ihre Idiosynkrasien, ihre Erfolge und Zusammenbrüche. Für beide war das Übersenden von Gedichten oder Kaffeebohnen, von literarischen Entwürfen oder Bremer Klaben, von druckfertigen Seiten, die sich zum Teil dem »Sturzbach von Ideen u. Aphorismen« des Freundes verdanken *(2,35)*, zum Teil eines Lebens geworden, dessen Gemeinsamkeit ausschließlich dem Papier überantwortet wurde. Zum zehnjährigen Bestehen des Briefwechsels schreibt Benn im Mai 1942 an Oelze:

> Unsere Korrespondenz war mir immer und wurde mir immer mehr eine grosse Bereicherung und Anregung, auch ein Massstab für Gedanken und Formulierungen, die entstanden und sich aus unserer Unterhaltung ergaben. Sie haben diese Korrespondenz in genau dem gleichen Masse mitgeschaffen und zu der Intensität geführt, die sie fast immer in sich trug. Meine Hoffnung ist, mich immer dieser Korrespondenz würdig zu erweisen auch in dem, was in den kommenden Jahren meine Produktion noch von sich geben kann *(1,314)*.

Berlin, Bozener Straße 20: Nachkriegslorbeer

DIE KLEINEN WÖRTER sind die verräterischen. Im ersten eigenhändigen Brief an Oelze nach dem Kriege dankt Benn dem Freund dafür, daß er die ab 1936 entstandenen, unveröffentlichten Arbeiten durch die Gefahren der Zeit gerettet hat. Gleichzeitig merkt er an, daß er nicht wisse, ob er vom Publikationsverbot betroffen sei:

> Nichts verbindet mich mehr mit den Dingen der Öffentlichkeit (...). Berührt mich nicht mehr. In Hamburg allerdings, schrieb mir ein Bekannter, sei in einer Zeitung Aufsatz mit Bild von mir erschienen u. mein Wiedererscheinen erhofft u. begrüsst worden *(2,6).*

Dieses »allerdings« als der unbewußte Widerruf des inneren Exils bestimmt auf lange Zeit Benns Haltung gegenüber allen Versuchen, sein »Comeback«, wie er seine Rückkehr in die literarische Öffentlichkeit im neuen Jargon eines Bewohners des amerikanischen Sektors Berlins nennt, in Gang zu setzen. »Ich habe noch keinen Schritt unternommen um festzustellen, ob ich überhaupt publizieren darf«, schreibt er am 18. November 1945 an Else C. Kraus, aber schon einen Monat später berichtet er von Verehrerpost und von einer Vorlesung vor englischen Offizieren: »Verlagsangeboten würde ich näher treten, da ich ja aus den Manuscripten einen Teil publizieren möchte« *(2,13).* Auch besucht er die Sitzungen der Akademie der Künste, der er (wieder) angehört und entwickelt sogar die Phantasie, »an die Spitze zu gehn u. zu führen« *(2,13).* Aber gleichzeitig möchte er sich nicht exponieren, fürchtet die alten und neuen Feinde, »zumal alles, was ich sage, andeute, in Frage stelle, sofort und essentiell als rebellisch u. anarchisch empfunden wird« *(2,14).*

Diese Topik der Ambivalenz kann ganz abrupte Formen annehmen. Im Brief an Carl Werckshagen vom 23. 1. 1946 zitiert er sich selbst aus *Weinhaus Wolf:* »›Du stehst für Reiche, nicht zu deuten, und in denen es keine Siege gibt.‹ Man muß sich völlig abschließen gegen die öffentliche Welt«, um dann im nächsten Absatz nach der Wirkung eines Aufsatzes zu fragen, der über ihn erschienen ist, mit der Begründung, ihn interessiere das, »weil der neue Gedichtband erscheinen soll, – wenn er erscheinen darf« *(BW 13)*.

Zu der trostlosen Lage in der Trümmerstadt Berlin, keine Kohlen, kein Strom, »die Ruinen heulen u. stürzen ein«, kommt die depressive Selbsteinschätzung der eigenen Leistung:

> Aber ach, wenn ich mich so als Ganzes oder Halbes überdenke u. überblicke, ist der Anblick doch recht erbärmlich, ich mag mir zur Zeit in keiner Weise ins Gesicht sehn *(2,19)*.

Außerdem macht er sich keine Illusionen über die beiden Hauptschwierigkeiten, die sich seiner schnellen Rückkehr in die Öffentlichkeit in den Weg stellen: Die Emigranten und die Zensur.

Das literarische Leben Berlins und der Zonen berappelte sich in Windeseile, denn die Besatzungsmächte hatten dem Wiedererscheinen der Presse gut vorgearbeitet. Nur sechzehn Tage war Berlin im Chaos des Kriegsendes ohne Tageszeitung. Am 24. April 1945 erschien die letzte Ausgabe des Parteiorgans »Völkischer Beobachter«, am 29. April verstummte die Berliner Frontzeitung »Der Panzerbär«. Aber schon am 15. Mai gaben die sowjetischen Besatzungsbehörden eine Tageszeitung, die »Tägliche Rundschau« heraus, am 18. Mai erschien die »Bayrische Landeszeitung«.

Die literarische Emigration kam bereits in diesen allerersten Publikationsorganen zu Wort. Die »Münchener Zeitung« vom 30. Juni 1945 berichtet von Thomas Manns Washingtoner Vortrag über »Deutschland und die Deutschen«; am 4. August druckt sie den »Offenen Brief« Walter von Molos an Thomas Mann, am 18. August versucht Frank Thiess die »Innere Emigration« zu rechtfertigen. Die »Neue Zeitung«, das nach Rang und Umfang bedeutendste Presseerzeugnis der ersten Nachkriegszeit, löste im Herbst 1945 als offizielles Organ der amerikanischen Besatzungsmacht die »Münchener Zeitung« ab, das Feuilleton übernahm Erich Kästner. Am 8. Februar 1946 erschien ein Beitrag von Alfred Döblin über »Die beiden deutschen Literaturen«, wozu die Redaktion in einem Vorspruch bemerkt:

> Nachdem die Schriftsteller Johannes R. Becher, Theodor Plivier, Friedrich Wolf und Erich Weinert aus der östlichen Emigration nach Berlin heimgekehrt sind, ist nun, von Westen kommend, auch Alfred Döblin, der Berliner Dichter und Arzt, ... in Deutschland eingetroffen. Wir bringen

Gottfried Benn, 1946

einen Aufsatz von ihm, in dem er die Eigenarten der Literatur der Emigration und jener im 3. Reich miteinander konfrontiert und zu triftigen Schlußfolgerungen gelangt.

Für Benn ein schlechtes Omen: Mit Becher und Döblin traten engagierte Gegner auf den Plan.

Den Zeitungen für die deutsche Bevölkerung folgten wenige Monate nach der Befreiung die ersten, von den Besatzungsmächten lizensierten deutschen Monatsschriften: »Die Sammlung«, »Die Wandlung«, »Der Aufbau«, »Das goldene Tor«: Bereits mit ihren Titeln künden diese Organe von der christlich-sozialen oder neo-humanistischen Weltsicht ihrer Herausgeber. Benns *Weinhaus Wolf* wäre unangenehm aufgefallen im Kontext von Aufsätzen, deren geistiger Kompaß die »einfache Sittlichkeit« und »der standhafte Glaube an die Ewigkeit der geistigen Welt« war. Jemand, der zu dieser Zeit die Einheit von Handeln und Denken als »hinterwäldlerische Idee« anprangerte und behauptete: »Das was lebt, ist etwas anderes als das, was denkt«, war schlecht aufgehoben bei »Weltfrömmigkeit« und »Rückgewinnung der wahren und unvergänglichen Werte deutschen Wesens durch wissenschaftliche Besinnung«. Wer interessierte sich unter diesen Voraussetzungen für Gottfried Benn?

Die zweite Hürde war die Papierzuteilung durch die Alliierten und die damit verbundene Vorzensur für die Verlage, die für jedes Buch eine Lizenz bei den alliierten Kontrollstellen einzuholen hatten. Die Entscheidungsbefugnis lag oft in den Händen von deutschen Emigranten, die in den entsprechenden Komitees gleich nach Ende des Krieges ihre Funktion aufnahmen.

Ohnehin darf man sich die literarische Landschaft zwischen 1945 und 1947 beileibe nicht als eine unfruchtbare Ödnis vorstellen. Es gibt genügend Verlage, die eine überraschend zahlreiche Produktion auf den Markt bringen. Allein 1946 erscheinen u. a.: Albrecht Haushofer, »Moabiter Sonette« (Berlin: Blanvalet), Wolfgang Weyrauch, »Von des Glückes Barmherzigkeit« (Berlin: Aufbau), Gertrud Bäumer, »Der neue Weg der deutschen Frau« (Stuttgart: DVA), Hans Carossa, »Stern über der Lichtung« (Hameln: Seifert), Kasimir Edschmid, »Das gute Recht« (München: Desch), Marie-Luise Kaschnitz, »Menschen und Dinge 1945« (Heidelberg: Lambert Schneider), dazu Bücher von Hermann Hesse, Ernst Penzoldt, R. A. Schröder, Thomas Mann, Reinhold Schneider im neuen

Suhrkamp-Verlag Berlin. Sammlungen von Gedichten von Rudolf Hagelstange, Gertrud Kolmar, Hans Erich Nossack, Wolfgang Petzet erscheinen 1947, Prosaarbeiten von Walter Kolbenhoff, Wolfgang Borchert, Kurt Kusenberg, Stephan Hermlin, dazu Anthologien, etwa »Der Anfang« (Wiesbaden: Limes 1947), »Die Pflugschar« (Berlin: Aufbau 1947), »De profundis. Deutsche Lyrik in dieser Zeit. Eine Anthologie aus zwölf Jahren« (München: Desch 1946), die von Benn aber keine Notiz nehmen. Vor allem war an Lyrik-Sammlungen kein Mangel, die mit Strophen wie den folgenden aufwarteten (Johanna Moosdorf, »Brennendes Leben«, Berlin: Dietz 1947):

Frühling 1946

Sonne! Wärme! Und es schlägt das Leben
Leise seine süßen Augen auf,
Rein und leuchtend im Gesicht der Blumen,
Die sich bebend aus dem schwarzen Schoß
Unsrer tränennassen Erde heben.

Angesichts dieser Lage ist Benns Wunsch, gedruckt zu werden, verständlich, aber er macht keine großen Anstalten, ihn Realität werden zu lassen. Daß er keiner politischen Gruppe angehört, erleichtert die Lage nicht, im Gegenteil: Die Unklarheit der Situation fördert leicht paranoide Ideen:

> Hier ist alles besonders undurchsichtig, vieldeutig u. obskur. Wen man nicht als Pg. bezichtigen kann (wie mich), bezichtigt man als völkisch oder national oder militaristisch, u. niemand kann eruieren, wer es eigentlich ist, der diese Bezichtigungen aufstellt. Die deutsche Form der Revolution ist die Denunziation. Darin befreit er sich, das ist sein Element. Das wird hier sehr deutlich. Ich unternehme allerdings auch keinen Schritt, um mich zu verteidigen oder zu rechtfertigen. Ich bedaure überhaupt nichts, was ich je geschrieben habe. Wenn man nämlich immer das schriebe, was man 10 oder 20 Jahre später für *opportun* hielte, geschrieben zu haben, würde man überhaupt nichts produzieren *(AB 98/99)*.

Vor allem nimmt sein Groll darüber zu, daß er nicht mit offenen Armen in den beginnenden Kulturbetrieb aufgenommen wird. Denn schließlich war er nicht in der Partei, wurde 1938 aus der Reichsschrifttumskammer entfernt und hat das Bewußtsein, nach 1936 nur noch in Opposition gegen den NS-Staat gelebt zu haben. Da er nicht aufgefordert wird, in das Licht der literarischen Öffentlichkeit zurückzukehren, verbietet ihm sein Stolz, mit den »neuen Machthabern der Kunst« in

Berührung zu kommen, vor der wendigere Kollegen keine Angst haben. Ihn verbittert ein Opportunismus, den er an dem Schriftsteller Frank Thiess festmacht, der jetzt das Wort in Sachen der »Inneren Emigration« führt, obwohl er doch, wie Benn Oelze gegenüber 1946 bemerkt, »unbehindert schreiben konnte u. noch im letzten Jahr mit seinem Carusoroman in der ›Berliner Illustrierten‹ doch wohl auch recht schön verdient hat (was ich ihm sehr gönne)« *(2,16)*.

Benns Ärger ist verständlich. Denn es gibt in der Zwischenzeit einen literarischen Markt, auf dem sich die Artikel-Verkäufer drängeln und eine literarische Öffentlichkeit, die von Benn keine Notiz nimmt. Frank Thiess hält Anfang 1946 mehrere Vorträge, die dann unter dem Titel »Zeitwende« im Februar 1947 vorliegen (Wolfgang Krüger Verlag, Hamburg), Alfred Döblin läßt seinen Essay »Die literarische Situation« 1947 bei Keppler in Baden-Baden drucken. Alexander Lernet-Holenia besingt Deutschland mit fünfhebigen Jamben in dem Epos »Germanien«, das 1946 bei Suhrkamp in Berlin erscheint. Friedrich Meinecke läßt seine Erinnerungen von Brockhaus in Wiesbaden 1946 unter dem Titel »Die deutsche Katastrophe« verlegen, Karl Jaspers spricht über den »Europäischen Geist« (Piper, München 1947) und Gerd Tellenbach beschwört »Die deutsche Not als Schuld und Schicksal« (DVA, Stuttgart 1947).

Da der Widerstand gegen Benn nicht deutlich faßbar ist, und er sich wieder in der gleichen Lage findet wie nach dem Schreibverbot 1938, fürchtet er »Angriffe, Beleidigungen, Gefahren«, wenn er den Schritt in die Öffentlichkeit wagt *(2,20)*.

So unbegründet die Furcht vor Repressalien ist, so richtig ist Benns Einsicht in die beginnende Konkurrenzsituation zwischen den Schriftstellern, die ihren Einfluß in den begrenzten Publikationsorganen natürlich zu Geld machen. Anfang 1946 einigte Benn sich mit dem Berliner Verleger Karlheinz Henssel über den Plan, die während des Schreibverbotes entstandenen Arbeiten nacheinander herauszugeben. Zuerst sollen die *Statischen Gedichte* veröffentlicht werden. Am 22. Januar 1946 übergibt Benn ihm die Druckvorlage und schon vierzehn Tage später werden seine Befürchtungen bestätigt: dem Verlag wird kein Kontingent an Papier für dieses Buch zugeteilt und die Kontrollbehörde lehnt die Veröffentlichung mit dem Hinweis auf Benns 1933 erschienene Aufsatzsammlung *Der neue Staat und die Intellektuellen* ab. Henssel läßt vom fertigen Satz der

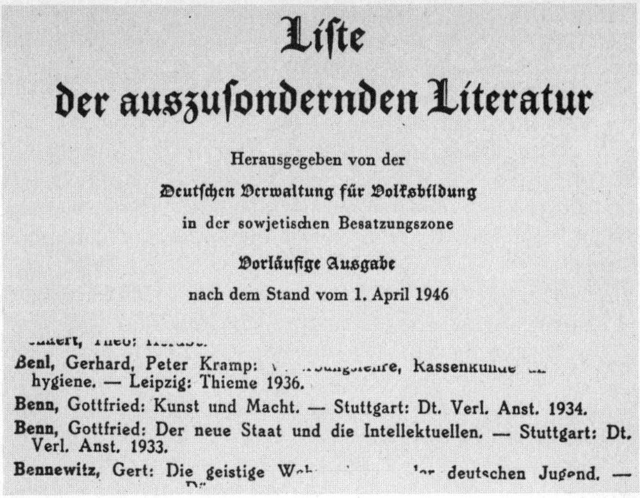

Liste der auszusondernden Literatur

Herausgegeben von der

Deutschen Verwaltung für Volksbildung

in der sowjetischen Besatzungszone

Vorläufige Ausgabe

nach dem Stand vom 1. April 1946

Benl, Gerhard, Peter Kramp: ... Kassenkunde ... hygiene. — Leipzig: Thieme 1936.

Benn, Gottfried: Kunst und Macht. — Stuttgart: Dt. Verl. Anst. 1934.

Benn, Gottfried: Der neue Staat und die Intellektuellen. — Stuttgart: Dt. Verl. Anst. 1933.

Bennewitz, Gert: Die geistige W... deutschen Jugend. —

Statischen Gedichte zu Benns 60. Geburtstag einen Privatdruck in fünf Exemplaren herstellen und schenkt ihm eins davon. Der erste Versuch, sich Gehör zu verschaffen und das Gesicht der deutschen Nachkriegsliteratur mitzubestimmen, ist gescheitert.

Aber es gibt einen Lichtblick. Durch Vermittlung seines alten Freundes Carl Werckshagen druckt die Hamburger Wochenzeitung »Die Zeit« am 2. Mai 1946 einen Auszug aus dem Manuskript *Kunst und 3. Reich.* Benn freut sich über den Erfolg und schreibt an Oelze:

> Den Beitrag in der »Zeit« fand ich recht passend u. ich bin C. W. dankbar dafür. Ein lebhaftes Echo war die Folge; darunter am bemerkenswertesten das Telegramm vom Südverlag in Konstanz, ob ich in Schweizer Zeitungen Nachdruck genehmigte. Also ein Erfolg. Wenn nur nicht die ganze Lage so trostlos wäre in der Öffentlichkeit: eigentlich erscheint ihr alles, was über das Kabarett hinausgeht, schon verdächtig –, lache, Bajazzo, lache perlend u. positiv, und bringe Kartoffelsalat vor, dann jauchzt ihr Herz *(2,31).*

Aber Benn hat andere Eisen im Feuer. Ende Januar 1946 stellte Werckshagen den ersten Kontakt zu Dr. Claassen vom Goverts-Verlag her. Oelze führt die Verhandlungen und bringt im Mai 1946 sämtliche Typoskripte nach Hamburg. Die Voraussetzungen für eine Drucklegung ist die Zustimmung der englischen Zensurbehörde in Hamburg, die für Ende Juli erwartet wird. Aber sie bleibt aus, auf spätere Anfragen bei der englischen Hauptzensurbehörde in Bünde (Westf.) bekommt der Verlag erst Ende April eine ausweichende Antwort.

Auch Rowohlt zeigt großes Interesse an Benns neuen Arbeiten und Kurt Marek, der Lektor im Rowohlt-Verlag und gleichzeitig Redaktionsmitglied der Tageszeitung »Die Welt« ist, soll versuchen, die Erlaubnis für einen Vorabdruck aus dem *Roman des Phänotyp* in der »Welt« zu bekommen, um dadurch den Weg für die Buchpublikationen zu ebnen. Ohne Erfolg.

Was sich in Hamburg nicht entwickeln läßt, warum sollte es nicht in Konstanz Früchte tragen: Johannes Weyl vom Südverlag möchte Benn gern herausbringen, muß ihm aber am 3. Oktober 1946 mitteilen, daß er die Lizenz für seine geplante Monatsschrift »Vision« nicht bekommen hat, weil Benn von ihm als zukünftiger Autor genannt wurde.

Diesmal ist der Blick auf den Feind unverstellt. Alfred Döblin, sein alter Gegner aus Akademietagen, der am 9. November 1945 nach Deutschland zurückgekehrt und als französischer Kulturoffizier in Baden-Baden für die Zensur der französischen Zone verantwortlich war, hatte sein Veto eingelegt, weil Benn auf einer »Schwarzen Liste« stehe. Benn ist dieser Vorfall peinlich. In einem siebenseitigen Brief berichtet er Weyl von seinem früheren Verhältnis zu Döblin, gibt einen rechtfertigenden Überblick über die Zeit von 1933 bis 1945, wehrt sich gegen den Vorwurf des Antisemitismus, wobei er Heinz und Änne Ullstein, Carl Sternheim, Else Lasker-Schüler und Alfred Flechtheim als Zeugen aufführt und kommt dann auf die Listen zu sprechen, auf denen sein Name stehen soll:

> *Die schwarze Liste.* Daß ich auf ihr stehe, war mir bisher nicht bekannt, ich hatte gehört, ich stünde auf einer Liste »Völkische Aktivisten«, worüber ich genauso erstaunt war. Was die schwarze Liste angeht, so habe ich hier nicht feststellen können, wer sie aufgestellt hat. Einige sagen, der Berliner Magistrat, Abteilung Volksbildungsamt. Es tritt jedoch niemand mit seinem Namen und seiner Person hervor und gibt sich als Autor dieser Liste bekannt. Ich weiß auch nicht, was sie politisch oder verlegerisch eigentlich bedeutet. Man hat mir weiter erzählt, daß ich auf dem russischen Index nur mit 2 Büchern vertreten bin, nämlich »Der neue Staat und die Intellektuellen« und »Kunst und Macht«, als Gesamtpersönlichkeit wäre ich also frei und zur Herausgabe neuer Bücher befähigt. Aber alle diese Listen fluktuieren wohl und ändern sich auch vielfach. Ich habe keine Schritte unternommen, um in dieser Richtung etwas aufzuklären oder richtigzustellen *(LP 173)*.

Hinter den politischen Gründen für seine Ablehnung vermutet Benn die Begleichung privater Rechnungen: »In einer Atmosphäre, in der auch die sogen. Geistigen ihre Position nur dazu verwenden, Leute die ihnen nicht passen, auszuschalten, niederzuknüppeln oder zu verdächtigen, in einer solchen Atmosphäre stehe ich auf jeden Fall lieber auf der schwarzen wie auf der weißen Liste« *(LP 173)*.

Daß die Veröffentlichungsmöglichkeit am Einspruch vor allem Döblins scheitert, ist für Benn ein schwerer Schlag. Den Rat des Verlegers, Döblin zu schreiben und um gut Wetter zu bitten, weist er zurück. Damit hat sich die Hoffnung für Benn, aus der Isolation und auf den Markt zu kommen, vorerst zerschlagen.

Für die zweite Jahreshälfte 1947 hatte ein »berufsmäßiger Horoskopiker, Graphologe und Prophet«, den Benn als Patienten behandelt, seinem Arzt eine »außerordentliche Konjunktur« vorausgesagt, »eine noch nie dagewesene meines Lebens, die ich vorbereiten sollte« *(2,24)*. Diese Voraussage hat sich bewahrheitet, obwohl Benn am 1. Januar 1947 an Oelze schreibt: »Obschon heute das Jahr beginnt, von dem mein Prophet gesagt hat, dass es in seiner 2. Hälfte meinen großen Aufstieg bringen würde, glaube ich selber nicht daran; Sie wissen, es berührt mich nicht mehr. Meine Zeit ist vorbei, ich bin zu alt, um jemanden zu interessieren« *(2,64f.)*. Trotz der niederdrückenden Aussichten bleibt Benn – wie schon während der Nazizeit – produktiv. Er schreibt weiterhin für die Schublade und arbeitet am *Ptolemäer:* »Es wird leichtsinnig, aber auch bösartig« *(2,75)*. Dabei beunruhigt ihn, daß es kein Problem, keine Fragestellung, kein Gefühl gibt, das er ernstnehmen kann, wie soll man überhaupt eine Fragestellung formulieren? »Man kann nur noch so schreiben, dass sichtbar wird, dass es weder Frage noch Antwort giebt; das Alles war einmal, heute giebt es nur eine Darstellung, die die Fragestellungen alle auslaufen lässt, vielleicht noch einmal verflicht, beleuchtet, aber sie inhaltlich nicht mehr ernst nimmt.« Schon kurze Zeit darauf, am 29. April 1947 kann er Freund Oelze mitteilen, daß die neue Arbeit fertig ist, die aus dem Wunsch geboren war, den Briefwechsel der letzten zwei Jahre wieder einmal zusammenzufassen: »Boxerisch gesprochen: Leberhaken bei flotter Beinarbeit« *(2,76)*. Der Brief schließt mit einer Selbstanalyse der mangelnden Erfolge seiner Veröffentlichungswünsche: Die Arbeit zeige, daß nicht die schwarze Liste sein Comeback verhinderte, sondern eigentlich er selbst: »Alles, was ich neu veröffentlichen könnte – vielleicht ausser einigen Gedichten – würde sofort wieder die schwersten Controversen hervorbeschwören, die grössten Pöbeleien. Wer hat nun Recht? Die Allgemeinheit, die sich gegen extravagante Aussenseiter wehrt oder das berüchtigte Individuum, das angeblich den Geist vertritt.«

Anfang November 1947 bekommt Benn Besuch von Dr. Eugen Claassen. Vier Stunden hält sich der Verleger bei ihm auf. Das Resumee:

> Nun waren also im Laufe der Zeit Herr Suhrkamp u Herr Rowohlt u Herr Cl.[aassen] bei mir u. einige kleinere Verlagsgeister u. einige weitere waren schriftlich um mich bemüht u. es ist nichts zu erreichen. Wahrscheinlich liegt doch alles bei mir, da ich innerlich ja gar nicht an die Öffentlichkeit will, sondern für mich meine Netze u. Gewebe spinnen. So gesehn, passt auch mein jetziges, nun 11 Jahre währendes Schweigen u. Verdecktsein in meinen Stil u. meine angeborenen Linien *(2,97f.)*.

Ganz vollständig ist die Analyse allerdings nicht. Denn Benn will ja durchaus in der Öffentlichkeit erscheinen, aber seine unbewußte Angst vor Strafe entspricht genau dem Maß an Wut, das er auf die Emigranten u. die gedruckten Autoren und ihre Förderer hat, eine Gefühlslage, die von der Psychoanalyse »ambivalent« genannt wird und die Benn metaphorisch faßt: »Lassen wir die Sache treiben«.

Aber dennoch behält der Prophet recht. Denn am 24. November 1947 kann Benn endlich mit einer Überraschungsnachricht aufwarten: Der Arche-Verlag in Zürich ist bereit, die *Statischen Gedichte* herauszubringen und Benn entwickelt Phantasien über das Ende der Misere:

> Gelänge das mit dem Arche-Verlag, wäre es das grosse Los für mich. 10% bis 15% Honorar des Exemplars, selbst bei nur 2000 Auflage, wären 900 Franken = 18 000 M. in Nahrungsmittelpaketen zu zahlen, wie ich dem Verleger vorschlug – u ich wäre gerettet von Café- u. Cigarettensorgen! Kaum zu glauben! Jetzt wacht man nachts auf u. fragt sich, was musst Du nun wieder ranschaffen: Kohlen u. Zucker u. Fett u Schuhsohlen u. Rasierseife – u. kann nicht wieder einschlafen. Das wäre dann für einige Zeit vorbei! *(2,103)*.

Angesichts der Erfolge derjenigen Leisetreter und Grasmelodiker, denen es gelungen ist, sich in den Dunstkreis der inneren oder äußeren Emigration zu bringen und die aufstrebenden Verlage (Suhrkamp, Desch, Stahlberg, Dietz, Bertelsmann, Aufbau etc.) für sich zu gewinnen, steht Benn am Ende des Jahres 1947 schlecht da, denn der Vertrag über den Druck der *Statischen Gedichte* erreicht ihn erst am 14. Januar 1948.

Aber es sind in diesem Jahr auch die ersten drei Aufsätze über ihn erschienen. Die Züricher »Weltwoche« brachte im Mai einen Hinweis auf Gottfried Benn, »den großen expressionistischen Lyriker deutscher Sprache«; Frank Maraun macht im »Schwäbischen Tagblatt« vom 28. Oktober auf den »unerlaubten Autor« aufmerksam, und in der »Neuen Rundschau«, Stockholm erscheint eine großangelegte Würdigung aus der Feder des Emigranten Eugen Gürster-Steinhausen. Benn hatte mit dem Wohlwollen auch einzelner Emigranten nicht gerechnet, bisher erlebte er sie als eine unangreifbare, im Verborgenen operierende Verschwörerclique, die sich seine Denunzierung zum Ziel gesetzt hatte. Er muß sein Feindbild korrigieren, wobei er seine Genugtuung durch das bekannte »im übrigen« abschwächt: »Beide Aufsätze [Weltwoche], namentlich der aus der N.[euen] R.[undschau], sind äußerst interessant u. beinahe tief. Interessant auch, daß der Aufsatz aus der N. R. aus Emigrantenkreisen stammt, die mir ja sonst nicht gut gesonnen sind u. die gerade heute mein Wiedererscheinen verhindern. Im übrigen: die Eitelkeiten der Welt liegen hinter mir, ich treibe meine Gedanken nur noch für mich selber vor u einem sehr kleinen Kreis von Getreuen« *(AB 116)*.

So »erstaunlich günstig« Benn den Aufsatz aus der »Weltwoche« findet, so sehr geht ihm die darin geäußerte Kritik an der Qualität der *Statischen Gedichte* zu Herzen. Er fragt die Freunde, ob sie auch der Meinung seien, »die Gedichte der letzten Jahre fielen qualitativ gegen die stürmischen jugendlichen ab« (2,79) und findet sich durch Maraun und Oelze beruhigt. Gleichwohl tadelt er die kritische Einschätzung nicht völlig:

> Es ist ja richtig: auch ich sage, der *frühe* Hofmannsthal war die Erfüllung u der spätere überflüssig. Aber man kann den Schmetterlingen nicht sagen, sie sollen entweder Raupen oder Falter sein, sie müssten sich entscheiden. Sie sind eben schicksalsmäßig *beides*. Natürlich kann der Eine nur die Raupen u der Andere nur die Falter goutieren *(2,80)*.

Bis zum letzten Tag des Jahres beschäftigt ihn die Auseinandersetzung mit den Emigranten. In der Ausgabe vom 31. 12. 1947 bringt die Wochenschrift »Sonntag« einen Vorabdruck aus Thomas Manns Tagebüchern 1933/34, in denen Mann sich über die Intellektuellen beklagt, die »es hemmungslos, mit unterworfenen und begeisterten Hirnen mitgemacht haben!« Außer Spranger, Bäumler, Binding und Johst wird auch Benn namentlich genannt, der sich mit den Ärzten, Juristen und Nationalökonomen »vor der Geschichte prostituiert habe« *(2,309)*. Benn reagiert gelassener als sonst: »Ich selber sage mir, daß ich vielleicht politisch sehr dow [= doof] war, aber prostituiert gewiss niemals« *(2,112)*.

Anfang des Jahres 1948 erscheint Thomas Manns Roman *Doktor Faustus*, kein Wunder, daß Benn ihn »unendlich anmassend in Stil u. Haltung« *(2,114)* findet. In der Silvesternacht liest er die Einleitung zu den noch nicht erschienenen *Strahlungen* von Ernst Jünger und bringt sein Urteil auf die Formel: »Ich muss sagen: *katastrophal!* Weichlich, eingebildet, wichtigtuerisch u. stillos. Sprachlich unsicher, charakterlich unbedeutend... Er hat in genügender Menge das Mulmige, ohne das die Deutschen den Geist nicht ertragen, das Gedrückte, leicht religiös Gefärbte, das den Autor so angenehm harmlos u. achtenswert macht« *(2,108)*. Im Theater sieht er *Die Fliegen* von Sartre: »Mein Gott, wie banal muss alles werden, um der Masse u. der Presse einzugehn u. als tief zu gelten! Ich verstehe nicht, wieso hier überhaupt von Existentialismus geredet werden kann, das Stück ist ein Oberlehrerdrama« *(2,118)*. Anna Seghers wird 1947 von der neugegründeten Deutschen Akademie für Sprache und Dichtung der Büchnerpreis verliehen, Fritz von Unruh nimmt den Goethepreis der Stadt Frankfurt in Empfang und hält am 18. Mai 1948 eine Rede in der Paulskirche: Alles Ereignisse, die Benns Isolation im Literaturbetrieb unterstreichen.

Zudem wachsen die Strapazen des alltäglichen Lebens. Am 24. Juni 1948 beginnt die Berliner Blockade durch die Russen und die notdürftigste Versorgung West-Berlins durch die amerikanische Luftbrücke, vorher die Währungsreform: Der Schwarzmarkt gerät aus den Fugen, man kann sich nur noch zu exorbitanten Preisen mit Kaffee, Zigaretten und Spirituosen versorgen. Die allgemeine Lage ist trostlos, dauernde Stromsperren, von 12.00 Uhr mittags bis zum nächsten Morgen um 9.00 Uhr, das Wasser rationiert, die Aussicht auf Mangel an Holz und Kohlen erschreckend, der Lärm der Transportflugzeuge ist für diejenigen Straßenzüge, die wie die Bozener Straße in einem der Luftkorridore liegen, vor allem nachts unerträglich: Benns *Berliner Brief 1948* entsteht.

Aber das Ende der Drangsal ist näher, als Benn ahnt. Im April 1948 sendet er an Oelze einen Zeitungsausschnitt aus dem Berliner »Telegraf« mit der Besprechung einer Literaturgeschichte von Paul E. Lüth, deren 1. Band 1947 im Limes-

Verlag erschienen und um die eine heftige Kontroverse entstanden war: Dem Autor wurde vor allem die abwertende Behandlung Thomas Manns und das Lob Alfred Döblins, dazu der allzu leichtfertige Umgang mit Daten und Fakten angekreidet. Benn schlug sich auf dessen Seite:

> In allen Zeitungen standen dieser Tage ähnliche Sachen, – offenbar zentral inspiriert. Aller Dinge Mass ist: Thomas Mann –, wer ihn lädiert, ist gerichtet. Insofern bin ich für Herrn Lüth. Der Deutsche *will* totalitär geführt werden, – so auch hier. Aber auch Döblin kann ich nicht ernst nehmen, er widerspricht sich zu oft u. ist voller Bizarrerieen *(2,124)*.

Lüth macht die Bekanntschaft von Oelze, übersendet Benn eigene Schriften und mischt sich am 19. April 1948 unter die Patienten, um Benn seine Aufwartung zu machen: »Der ›Patient‹ wurde zum Kaffee eingeladen und zum Schluß mit dem Trost entlassen: ›Wenn Sie sich über Besprechungen erregen, dürfen Sie überhaupt nicht schreiben‹«. Lüth war von der Begegnung sehr beeindruckt, aber die neuen Manuskripte, von denen er gehört hatte, bekam er nicht zu Gesicht. Seinem Verleger, Max Niedermayer, dem Inhaber des Limes-Verlages, legt er nahe, Benn zu schreiben und Interesse anzumelden. Niedermayer ist unschlüssig: »Sollte ich? Benn war unerwünscht, ohne Beschönigung gesagt: verboten. Was hatte es für einen Sinn, ihm zu schreiben, Manuskripte anzufordern und dann zu sagen, ich könne ihn nicht drucken?«

Am 22. Juli schreibt Niedermayer auf Anregung von Paul Lüth seinen ersten Brief an Benn:

> Sehr geehrter Herr Dr. Benn,
>
> Ich bitte um Entschuldigung, wenn auch ich Sie in einer Angelegenheit belästige, in der Sie, wie ich hörte, schon wiederholt »nein« gesagt haben. Es handelt sich um die Überlassung Ihrer unveröffentlichten Arbeiten für meinen Verlag.
>
> Nach wiederholten Überlegungen mit Dr. Lüth habe ich mich entschlossen, nun endlich diesen lange gehegten Wunsch zu verwirklichen und mich unter die Bewerber zu gesellen und Ihnen zu sagen, daß ich gern und mit voller Überzeugung Ihre Arbeiten verlegen würde. Eventuelle Einwände anderer Autoren stören mich dabei nicht. Ich bin unabhängig.
>
> Ich würde mich freuen, wenn Sie meine Anfrage geneigter ansähen, als die bisherigen.

Max Niedermayer im Kreis seiner Mitarbeiter

Benn erkennt diese Chance nicht sofort, obwohl sich mit der Währungsreform auch die Zensurbestimmungen lockern. Seine Antwort läßt auf sich warten. Er arbeitet an dem Manuskript *Drei alte Männer* und sendet es am 17. August an Oelze. Erst am 18. August antwortet er dem Verleger:

> Ich kann anständigerweise keinem Verleger zureden, sich dafür zu interessieren, die Sachen würden sehr starken Widerspruch finden und als unzeitgemäß angesehn werden. Die mir so wohl bekannten Angriffe gegen meinen Ästhetizismus, Esoterismus, Asozialismus würden wieder beginnen. Mir persönlich ist das völlig gleich, aber andere mit meinen im wesentlichen tragischen Gedanken zu belasten, kann ich mich kaum entschließen und bin daher gar nicht so versessen darauf, wieder in der Öffentlichkeit zu erscheinen.
> Ich bitte Sie, sich den Fall nochmals zu überlegen u. mir mitzuteilen, ob Sie Ihr freundliches Interesse aufrechterhalten wollen.

Allerdings: Die Nebelgestalt des Herrn Claassen lauert noch immer im Hintergrund, die Verhandlungen mit ihm sind offen und unverbindlich geblieben. Benns Unsicherheit gegenüber Verlagsneugründungen ist evident. Ihm wäre Claassen als Verleger lieber, das ist seine Generation, die anderen Leute sind zu jung und weiß man denn, ob die neuen Unternehmen seriös sind?

Benn kommt sich mit »diesen Verlegern vor wie eine leidliche Jungfrau, um die allerlei Männer herum sind, die gerne mal ein bischen und so möchten, aber keiner will heiraten« *(2,154)*.

Herr Niedermayer möchte die Ehe schließen. Am 24.9. schreibt er an Benn, die Manuskripte seien zwar noch nicht eingetroffen, aber er schicke schon, um keine Zeit zu verlieren, einen Vertrag, den Benn am 15.10.1948 zurücksendet: »Beginnen wir also mit dem Essayband«.

Noch im Oktober 1948 erscheinen im Züricher Arche-Verlag die *Statischen Gedichte* in einer ersten Auflage von 3000 Exemplaren, die »Tat« bringt am 18. September bereits einen Vorabdruck einiger Gedichte *(Astern, Gärten und Nächte, Liebe)* mit einer kurzen Einführung von Max Rychner, am 20. November erscheint die erste Besprechung von Alfred Andersch in »Die neue Woche«, am selben Tag schickt Benn ein Exemplar an Oelze mit der Widmung:

> Herrn Friedrich Wilhelm Oelze, dem Einzigen in Deutschland, dem ich diesen Band zu übersenden verpflichtet bin mit der Widmung: in Dankbarkeit und Freundschaft. Gottfried Benn. 20. X. 1948. Berlin.

Der Durchbruch ist geschafft. Nach zwölf Jahren kann Benn wieder in Deutschland publizieren.

Mit dem Druck des *Ptolemäer* beginnt Niedermayer umgehend, Benn schickt bereits am 16. November 1948 die Korrekturen zurück. Damit ist auch für die Prosa der Weg geebnet. Das auffallende Ergebnis dieser sehr schnellen und zügigen Verhandlungen ist aber nicht das Erscheinen des *Ptolemäer,* sondern einer ganz anderen Arbeit, an der Benn noch während der Verhandlungen schreibt, nämlich die *Drei alten Männer,* die noch vor Weihnachten 1948 zur Besprechung an sorgfältig ausgewählte Adressen versandt wird.

Hinter diesem Wechsel verbirgt sich das letzte Kapitel der Schwierigkeiten, die Benn mit seinen Verlegern hatte, bevor die schnelle Abfolge der Neuerscheinungen im Jahre 1949 seinen Ruhm festschrieb.

Nachdem die Fahnen des *Ptolemäer* zur Korrektur vorliegen, erinnert sich Niedermayer eines Gesprächs, das er noch vor der Kontaktaufnahme mit Benn, aber nach dem ersten Besuch von Lüth in Berlin mit dem Vertreter der amerikanischen Zensurbehörde »Information Control Division« geführt hatte. Der zuständige amerikanische Offizier bestätigte die

Existenz von schwarzen und grauen Listen und räumt große Unsicherheiten im Bereich der grauen Listen ein. Niedermayers vorsichtige Anfrage hinsichtlich der Veröffentlichungsgenehmigung von Benns Schriften stößt vorerst auf Widerstand, aber es wird ein Spielraum offengelassen: Wenn Benn vom Entnazifizierungsgesetz nicht betroffen sei, stünde wohl nichts im Wege. Diese unbestimmte Aussage war Niedermayer lieber als eine klare Absage, nur schien es ihm wenig passend, Benn nach seinem Fragebogen zu fragen. Am 29. 10. 1948 versuchte er sich doch gegenüber den Amerikanern abzusichern und schrieb Benn – scheinbar nebenbei – und mit großem Unbehagen:

> Beinahe hätte ich vergessen, die sogenannte moderne Gretchenfrage an Sie zu richten: Sind Sie irgendwo entnazifiziert und eingestuft worden? Um den Vorschriften zu genügen, muß ich darüber einen Vermerk in meinen Akten haben und bitte Sie um eine kurze Antwort.

Benn zögerte nicht, denn Niedermayer hatte damit bei ihm eine schwache Stelle berührt:

> Ihre Gretchenfrage erschüttert mich: Ich *bin nie* P. G. gewesen, gehörte weder der Partei noch einer ihrer Gliederungen an, bin also nicht entnazifiziert und eingestuft, ich falle ja nicht »unter das Gesetz!«.

Die mangelnde Kooperationsbereitschaft in dieser Frage machte Niedermayer unsicher. Hinzu kam, daß ihm der *Ptolemäer,* in dem sich Russen und Amerikaner in Berlin tummeln, politisch plötzlich etwas verfänglich erschien. Die Sätze: »Die Bars füllen sich: Hawaii-Abfall und sibirisches Fleckblut« schienen ihm so gewagt, daß er als besondere Vorsichtsmaßnahme von dem Wort »Hawaii-Abfall« den »Abfall« aus der

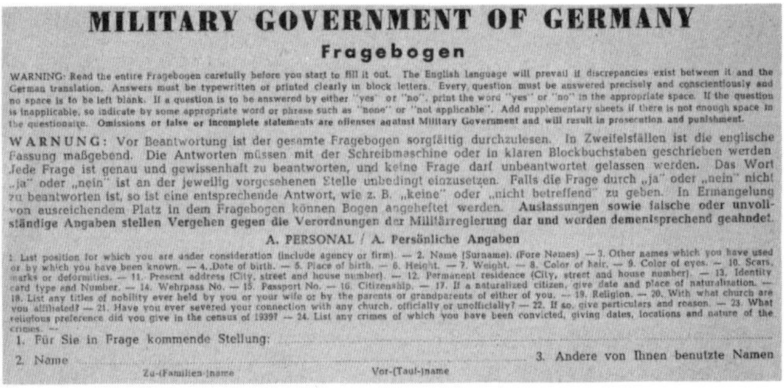

MILITARY GOVERNMENT OF GERMANY

Fragebogen

WARNING: Read the entire Fragebogen carefully before you start to fill it out. The English language will prevail if discrepancies exist between it and the German translation. Answers must be typewritten or printed clearly in block letters. Every question must be answered precisely and conscientiously and no space is to be left blank. If a question is to be answered by either "yes" or "no", print the word "yes" or "no" in the appropriate space. If the question is inapplicable, so indicate by some appropriate word or phrase such as "none" or "not applicable". Add supplementary sheets if there is not enough space in the questionaire. **Omissions or false or incomplete statements are offenses against Military Government and will result in prosecution and punishment.**

WARNUNG: Vor Beantwortung ist der gesamte Fragebogen sorgfältig durchzulesen. In Zweifelsfällen ist die englische Fassung maßgebend. Die Antworten müssen mit der Schreibmaschine oder in klaren Blockbuchstaben geschrieben werden Jede Frage ist genau und gewissenhaft zu beantworten, und keine Frage darf unbeantwortet gelassen werden. Das Wort „ja" oder „nein" ist an der jeweilig vorgesehenen Stelle unbedingt einzusetzen. Falls die Frage durch „ja" oder „nein" nicht zu beantworten ist, so ist eine entsprechende Antwort, wie z. B. „keine" oder „nicht betreffend" zu geben. In Ermangelung von ausreichendem Platz in dem Fragebogen können Bogen angeheftet werden. **Auslassungen sowie falsche oder unvollständige Angaben stellen Vergehen gegen die Verordnungen der Militärregierung dar und werden dementsprechend geahndet.**

A. PERSONAL / A. Persönliche Angaben

1. List position for which you are under consideration (include agency or firm). — 2. Name (Surname). (Fore Names) — 3. Other names which you have used or by which you have been known. — 4. Date of birth. — 5. Place of birth. — 6. Height. — 7. Weight. — 8. Color of hair. — 9. Color of eyes. — 10. Scars, marks or deformities. — 11. Present address (City, street and house number). — 12. Permanent residence (City, street and house number). — 13. Identity card type and Number. — 14. Wehrpass No. — 15. Passport No. — 16. Citizenship. — 17. If a naturalized citizen, give date and place of naturalization. — 18. List any titles of nobility ever held by you or your wife or by the parents or grandparents of either of you. — 19. Religion. — 20. With what church are you affiliated? — 21. Have you ever severed your connection with any church, officially or unofficially? — 22. If so, give particulars and reason. — 23. What religious preference did you give in the census of 1939? — 24. List any crimes of which you have been convicted, giving dates, locations and nature of the crimes. —

1. Für Sie in Frage kommende Stellung: ....

2. Name .... Zu-(Familien-)name .... Vor-(Tauf-)name 3. Andere von Ihnen benutzte Namen

Linotype-Zeile herausstechen ließ, um die amerikanische Dienststelle nicht eine Beleidigung der Besatzungsmacht vermuten zu lassen. Was tun? Das Engagement stieß an die Grenzen der politischen und damit geschäftlichen Opportunität.

Aus diesem Dilemma wurde der Verleger durch die *Drei alten Männer* befreit, die Benn ihm im November 1948 zur Lektüre sendet: »Das war unsere Zeit, künstlerisch geformt und aus einem Guß. Ich war begeistert. Zudem erschien mir das Werk ›unpolitischer‹ als der *Ptolemäer,* der geringe Umfang gestattete eine ›Blitzproduktion‹ – kurz, es war geeignet als Test für das Come-back des Dichters.«

Die *Drei alten Männer* kamen Weihnachten 1948 heraus, der ICD wurde nicht informiert. Benn war beglückt über das schnelle Erscheinen des Werkes, ohne zu ahnen, daß sich die Geschwindigkeit den Schwierigkeiten mit den Genehmigungsbehörden und dem Willen des Verlegers, einen Versuchsballon zu starten, verdankte. Der Widerhall war ermutigend, es fehlte auch nicht an warnenden Stimmen: »Ich wäre sehr verwundert, wenn Sie ein Buch von Benn verkaufen könnten. Er wurde nie und nirgends verkauft.«

Das mußte sich 1949 erweisen. Niedermayer jedenfalls war unbedingt entschlossen, Benn auf dem Markt durchzusetzen. In seinen Memoiren schildert er das Jahr 1949 als das »Benn-Jahr«. Im Februar erschien der *Ptolemäer,* ohne daß die Amerikaner sich regten, im März die Lizenzauflage der *Statischen Gedichte,* im Juni die *Ausdruckswelt* und im Oktober der Gedichtband *Trunkene Flut.* »Normalerweise«, schreibt Niedermayer in seinen Memoiren, »wird man ein Werk nicht in diesem Tempo vorlegen, aber es waren ungewöhnliche Zeiten, ein ungewöhnlicher Autor und ein Verleger, der mehr besessen als planvoll handelte. Man konnte es allerdings auch anders ansehen. Claire Goll sagte mir später vorwurfsvoll: ›Wenn du den Yvan mit der gleichen Rasanz auf den Markt geworfen hättest, wäre er genauso ein Erfolg geworden‹«.

Das ist nicht sicher, denn Benn hing der Geruch des Außenseiters, des politisch Zweideutigen und Unerwünschten an, was für den Erfolg nicht nachteilig war. Dem Druck auf den Markt konnte die literarische Kritik nicht mit Schweigen begegnen: Binnen kurzem füllten die Kritiker der Generation, die schon während des Dritten Reiches zu veröffentlichen begonnen hatten, und die um 1950, nachdem die Emigranten und Kommunisten an Einfluß verloren hatten, das literarische

Benn im Kreis der Förderer
v. l.: Oelze, Dr. Ilse Benn, Karl Schwedhelm, Charlotte Oelze, Max Niedermayer

Leben der Bundesrepublik weitgehend beherrschten (Ernst Kreuder, Max Bense, Curt Hohoff, Hans Egon Holthusen), die Zeitungen mit ihrem Lob, und Friedrich Sieburg bestimmte die Höhenlinie, die die Kritik der Bennschen Werke bestimmte: »Mit einem einzigen Flügelschlage reißt uns eine neue Dichtung, Gottfried Benns *Statische Gedichte*, über das Stimmengewirr der um lyrischen Ausdruck bemühten Gegenwart hinaus.«

Die Veränderung der politischen Lage begünstigte die Anerkennung. »Seit dem Sommer 1947 deutete sich die politische Teilung Deutschlands an«. Die Differenzen zwischen den Besatzungsmächten verstärkten sich, der Gegensatz faschistisch – antifaschistisch, der die ersten Nachkriegsjahre bestimmte, wurde vom Gegensatz kommunistisch – antikommunistisch der beginnenden Restauration verdrängt. Die alten Fronten begannen sich aufzulösen und Autoren, deren Weltsicht Benn schon in den 30er Jahren nahestand, publizierten wieder, etwa Rudolf Pechel oder Hans Zehrer, der in seinem Buch *Stille vor dem Sturm*, das 1949 bei Rowohlt erschien, die Geschichtsauffassung der Jungkonservativen wieder zum Leben erweckte.

Am 13. August 1949 schreibt Benn an Oelze, er sei verblüfft über die Resonanz auf seine Bücher, über das intellektuelle Verständnis der Kritik und fragt, ob er nicht Eugen Gürster, der ihn 1947 in der Stockholmer »Neuen Rundschau« so aus-

Ein problematischer Kopf in der ordentlichen Umgebung der fünfziger Jahre: Gottfried Benn bei der Verleihung des Georg-Büchner-Preises, 1951. Neben ihm Werner Bergengruen

führlich gewürdigt hatte, die erschienenen Bücher zukommen lassen solle: »Sein Aufsatz war ja wirklich äusserst interessant u. bedeutend u zu einer Zeit, als ich noch verschollen war« *(2,233 f.)*.

Das klingt wie ein Aufatmen darüber, daß es mit der ›inneren Emigration, 2. Teil‹ vorbei ist. Nun ist er ein wichtiger Autor in der bundesrepublikanischen Nachkriegsliteratur, dem verlegerischen Impetus von Max Niedermayer waren die Zeiten und die vollen Schubladen Benns günstig. Das Comeback hat dessen Melancholien jedoch nicht verscheucht, den Müdigkeiten nicht abgeholfen, das Leiden am Bewußtsein nicht verringert, er bleibt ambivalent wie eh und je, schon scheint ihm seine Person »historisch u. stilkritisch u. kulturanalytisch viel zu viel beachtet u. durchleuchtet« zu werden *(2,251)*.

Aber wie die Dinge der Ausdruckswelt dann unter dem Druck der Realität zu enden pflegen: Der Autor stellt für den Verleger einen Text für die Verkaufsprospekte zusammen und bittet Oelze im August 1949 um Mithilfe:

> Herr Niedermayer will doch einen langen Prospekt über mich herstellen, ich glaube, dabei müssen wir ihm etwas auf die Finger sehn, bezw. ihn beraten. Bisher fand ich seine diesbezüglichen Unternehmungen nicht besonders gelungen, bezw. ungeschickt. Nicht fehlen darf nach meiner Meinung jener Absatz aus der Kölner Zeitung mit der Überschrift: »ein Magier des Worts«, diese Stelle finde ich recht fascinierend. Auch der Satz aus dem Frankfurter Rundfunkprogramm: »der problematischste Kopf unseres Landes« ist ganz anzüglich *(2,232)*.

Sieben Jahre später, am 7. Juli 1956, wurde dieser problematische Kopf unter starker Beteiligung konservativer Kreise auf dem Waldfriedhof in Berlin Dahlem begraben.

Gottfried Benn, 1956

Anmerkungen

Einleitung

S. 7 *Die Einreihung in:* Joachim Vahland, Gottfried Benn. Der unversöhnte Widerspruch, Heidelberg 1979, 120
S. 8 *Neo-Romantik:* Marguerite V. Schlüter (Hg.), Briefe an einen Verleger. Max Niedermayer zum 60. Geburtstag, Wiesbaden 1965, 28
S. 8 *staatlich sanktionierten:* Schlüter, Briefe, 31
S. 8 *starkes mitleidendes:* Peter Uwe Hohendahl (Hg.), Benn – Wirkung wider Willen. Dokumente zur Wirkungsgeschichte Benns, Frankfurt/M. 1971, 96
S. 9 *Pfui Teufel:* Hohendahl, Benn, 26
S. 9 *die man wegen:* Hohendahl, Benn, 198
S. 11 *formal zugegen:* Bruno Hillebrand (Hg.), Gottfried Benn, Gedichte. In der Fassung der Erstdrucke, Frankfurt/M. 1982, 648
S. 12 *Makel:* Jürgen Schröder, Gottfried Benn. Poesie und Sozialisation, Stuttgart/Berlin/Köln/Mainz 1978, 80. S. 79: »der potentielle Makel«
S. 12 *durch ihre sentimentalen:* Schröder, Benn, 78. Alle in der Folge angeführten Zitate finden sich auf S. 76–80
S. 12 *mit seiner Lebenswirklichkeit:* Schröder, Benn, 86

Bierkneipe und Hinterzimmer: Die literarische Produktion

S. 61 *bei dem man nebenher:* Gottfried Willems, Großstadt- und Bewußtseinspoesie. Über Realismus in der modernen Lyrik, insbesondere im lyrischen Spätwerk Gottfried Benns und in der deutschen Lyrik seit 1965, Tübingen 1981, 61
S. 64 *Insbesondere zeigt sich:* Willems, Großstadt- und Bewußtseinspoesie, 62 f.
S. 67 *Wer sich zu dichten:* Horaz, Epistel III (An die Pisonen), Vers 45 f.
S. 68 *Träumen und Nichtträumen:* Zit. nach Reinhold Grimm, Die problematischen »Probleme der Lyrik«, in: Festschrift Gottfried Weber, hg. Heinz Otto Burger und Klaus von See, Bad Homburg 1967, 299-328; hier 319
S. 69 *Momentaufnahmen:* Vahland, Gottfried Benn, 96

Pariser Platz 4: Die politische Versuchung

S. 77 *er freute sich:* Oskar Loerke, Tagebücher 1903-1939, hg. H. Kasack, Heidelberg/Darmstadt 1956, 240
S. 77 *niemals zu dem vorübergehenden:* Schröder, Benn, 113. Schröders

Thesen über die Resozialisation des Außenseiters mache ich mir zu eigen.

S. 77 *das preußische Pflichtgefühl:* Schröder, Benn, 113

S. 79 *Den weitesten, aber auch:* Schröder, Benn, 146

S. 79 *nationalsozialistischer Literat:* Hermann Kesten, Gottfried Benn. Ein witziger Faschist, twen (1961) 76

S. 82 *umsichgreifende Mißachtung:* Inge Jens, Dichter zwischen rechts und links. Die Geschichte der Sektion für Dichtkunst an der Preußischen Akademie der Künste, dargestellt nach den Dokumenten, München 1979 (= dtv 2910), 177

S. 82 *Die Abteilung für Dichtung:* Jens, Dichter, 288 f.

S. 83 *Protest gegen:* Jens, Dichter, 187

S. 84 *Erst jetzt sei:* Jens, Dichter, 188

S. 86 *nicht mit ihrer Stellung:* Jens, Dichter, 189. Die folgenden Zitate 189-195

S. 89 *auch in erregter:* Jens, Dichter, 198

S. 90 *Er hatte uns:* Alfred Döblin, Autobiographische Schriften und letzte Aufzeichnungen, Olten und Freiburg 1980, 477

S. 90 *Phantasie für das:* Hans-Albert Walter, Bedrohung und Verfolgung bis 1933. Deutsche Exilliteratur 1933-1950, Darmstadt/Neuwied 1972, 91

S. 90 *er wußte letztlich:* Roland Wittig, Die Versuchung der Macht. Essayistik und Publizistik Heinrich Manns im französischen Exil, Frankfurt/M. – Bern 1976, 29

S. 91 *österreichischer Komödiant:* Wittig, Die Versuchung, 28

S. 91 *Aus den jüngsten:* Die Musik. Amtliches Mitteilungsblatt der Reichsjugendführung, Jg. 26, H. 9, 712, zit. nach: Diskus. Frankfurter Studentenzeitung 13, Januar 1963, 6

S. 92 *Sektion möge:* Jens, Dichter, 199 f.

S. 94 *Aus dem betont:* Jens, Dichter, 219

S. 96 *Wir würden nicht nur:* Loerke, Tagebücher 1903-1939, 271

S. 96 *Aus solchen Widersprüchen:* Schröder, Benn, 172

Hannover, Arnswaldstraße: Doppelleben und Dämonenzauber

S. 106 *Wer gegen unsere:* Joseph Wulf, Literatur und Dichtung im Dritten Reich. Eine Dokumentation, Frankfurt/Berlin/Wien 1983 (= Ullstein-Buch 33029), 231

S. 106 *Die von ihnen:* Gottfried Benn: Briefe an den Halb-Chef. Mitgeteilt von Karl Pagel, Neue Deutsche Hefte 133, 19. Jg., H. 1, 1972, 47 f.

S. 107 *sei wohl berechtigt:* Benn, Briefe an den Halb-Chef, 50 f.

S. 107 *Kunst und Kultur:* Benn, Briefe an den Halb-Chef, 49 f.

Bremen, Hartwigstraße: Freund Oelze, der »Glanzträger«

S. 117 *Benn wandte sich:* Thilo Koch, Gottfried Benn. Ein biographischer Essay mit neuen Texten, Briefen und einem Nachwort 1970, München 1970 (= dtv TB), 49

S. 118 *So weit kennen:* Berühmte Briefe. Gottfried Benn – Friedrich Wilhelm Oelze, Bayrisches Fernsehen, unveröffentlichtes Manuskript

S. 122 *Ich brauche Ihnen:* Gert Westphal, Doppelleben und Ausdruckswelt. Gottfried Benn in seinen Briefen an Friedrich Wilhelm Oelze, unveröffentlichtes Manuskript, Radio DRS, August 1981, zweite Folge

S. 125 *Denn wir wollen:* Berühmte Briefe, Gottfried Benn – Friedrich Wilhelm Oelze, Bayrisches Fernsehen, unveröffentlichtes Manuskript

Berlin Bozener Straße: Nachkriegslorbeer

S. 128 *Nachdem die Schriftsteller:* »Als der Krieg zu Ende war«. Literarisch-politische Publizistik 1945–1950. Eine Ausstellung des Deutschen Literaturarchivs im Schiller-Nationalmuseum Marbach a. N., Katalog Nr. 23, 2. durchges. Aufl. 1974, 29

S. 130 *einfache Sittlichkeit:* »Als der Krieg zu Ende war«, 56 f.

S. 130 *Rückgewinnung der wahren:* »Als der Krieg zu Ende war«, 59

S. 139 *Der ›Patient‹ wurde:* Max Niedermayer, Pariser Hof. Limes Verlag Wiesbaden 1945-1965, Wiesbaden 1965, 44

S. 139 *Sollte ich:* Niedermayer, Pariser Hof, 44

S. 139 *Sehr geehrter Herr:* Niedermayer, Pariser Hof, 45 f.

S. 140 *Ich kann anständigerweise:* Schlüter, Briefe 3

S. 142 *Beinahe hätte ich:* Niedermayer, Pariser Hof, 50

S. 142 *Ihre Gretchenfrage:* Niedermayer, Pariser Hof, 50

S. 143 *Das war unsere:* Niedermayer, Pariser Hof, 53

S. 143 *Ich wäre sehr verwundert:* Niedermayer, Pariser Hof, 54

S. 143 *Normalerweise:* Niedermayer, Pariser Hof, 54 f.

S. 144 *Seit dem Sommer:* vgl. Hohendahl, Benn, 57.

Quellenverzeichnis

BRODE, HANSPETER: *Benn Chronik*. Daten zu Leben und Werk. München/Wien, 1978

DÖBLIN, ALFRED: Autobiographische Schriften und letzte Aufzeichnungen, Olten/Freiburg 1980

GRIMM, REINHOLD: Die problematischen »Probleme der Lyrik«, in: Festschrift Gottfried Weber, hg. Heinz Otto Burger und Klaus von See. Bad Homburg, 1967, 299–328

HOHENDAHL, PETER UWE (Hg.): *Benn – Wirkung wider Willen*. Dokumente zur Wirkungsgeschichte Benns. Frankfurt/M., 1971

JENS, INGE (Hg.): *Dichter zwischen rechts und links*. Die Geschichte der Sektion für Dichtkunst an der Preußischen Akademie der Künste. München, 1979

KOCH, THILO: Gottfried Benn. Ein biographischer Essay mit neuen Texten, Briefen und einem Nachwort 1970. München, 1970

LOERKE, OSKAR: Tagebücher 1903–1939, hg. H. Kasack. Heidelberg/Darmstadt, 1956

LOHNER, EDGAR (Hg.): *Gottfried Benn*. Dichter über ihre Dichtungen. München, 1969

NIEDERMAYER, MAX: *Pariser Hof*. Limes Verlag Wiesbaden 1945-1965. Wiesbaden, 1965

PAGEL, KARL: Gottfried Benn, Briefe an den Halb-Chef, in: Neue Deutsche Hefte 133, 19. Jg., H. 1, 1972, 26–61

RÜHMKORF, PETER: *Strömungslehre I. Poesie*. Reinbek bei Hamburg, 1978

SCHLÜTER, MARGUERITE (Hg.): *Briefe an einen Verleger*. Max Niedermayer zum 60. Geburtstag. Wiesbaden, 1965

SCHRÖDER JÜRGEN: *Gottfried Benn*. Poesie und Sozialisation. Stuttgart, 1978

STEINHAGEN, HARALD: *Die Statischen Gedichte von Gottfried Benn*. Die Vollendung seiner expressionistischen Lyrik. Stuttgart, 1969

VAHLAND, JOACHIM: Gottfried Benn. Der unversöhnte Widerspruch. Heidelberg, 1979

WALTER, HANS-ALBERT: *Bedrohung und Verfolgung bis 1933*. Deutsche Exilliteratur 1933-1950. Darmstadt und Neuwied, 1972

WELLERSHOFF, DIETER: *Gottfried Benn.* Phänotyp dieser Stunde. Eine Studie über den Problemgehalt seines Werkes. Köln/Berlin, 1958

WILLEMS, GOTTFRIED: *Großstadt- und Bewußtseinspoesie.* Über Realismus in der modernen Lyrik, insbesondere im lyrischen Spätwerk Gottfried Benns und in der deutschen Lyrik seit 1965. Tübingen, 1981

WITTIG, ROLAND: Die Versuchung der Macht. Essayistik und Publizistik Heinrich Manns im französischen Exil. Frankfurt/Bern, 1976

WODTKE, FRIEDRICH WILHELM: *Gottfried Benn.* Stuttgart 2. Auflage, 1970

WULF, JOSEPH: Literatur und Dichtung im Dritten Reich. Eine Dokumentation. Frankfurt/Berlin/Wien, 1983

Abkürzungsverzeichnis

Zitiert wird nach folgenden Werken mit Zahlenangaben und Abkürzungen:

I–IV GOTTFRIED BENN: *Gesammelte Werke in vier Bänden*. Hg. Dieter Wellershoff. Wiesbaden, 1960

1–3 GOTTFRIED BENN: *Briefe an F. W. Oelze*. Hg. Harald Steinhagen und Jürgen Schröder, 3. Bde. Frankfurt/M., 1979–1982. (Fischer TB 2187, 5701, 5702)

AB GOTTFRIED BENN: *Ausgewählte Briefe*. Mit einem Nachwort von Max Rychner. Wiesbaden, 1957

BW GOTTFRIED BENN: *Briefe an Carl Werckshagen*. Limes Lesebuch, 2. Folge. Wiesbaden, 1958

LP GOTTFRIED BENN: *Lyrik und Prosa, Briefe und Dokumente*. Eine Auswahl. Hg. Max Niedermayer und Marguerite Schlüter. 8. erweiterte Auflage, Wiesbaden, 1971

PA GOTTFRIED BENN: *Prosa und Autobiographie*. In der Fassung der Erstdrucke. Hg. Bruno Hillebrand. Frankfurt/M., 1984

T GOTTFRIED BENN: *Den Traum alleine tragen*. Neue Texte, Briefe, Dokumente. Hg. Paul Raabe und Max Niedermayer. Wiesbaden, 1966

WW HOHENDAHL, PETER UWE: (Hg.): *Benn – Wirkung wider Willen*. Dokumente zur Wirkungsgeschichte Benns. Frankfurt/M., 1971

Zeittafel

1886 2. Mai. Gottfried Benn in Mansfeld, Kreis Westpriegnitz, als Sohn des protestantischen Pfarrers Gustav Benn (1857-1939) geboren. Mutter Schweizerin (1858-1912). Benns Großvater väterlicherseits war schon Pfarrer im selben Dorf:

»Als ich ein halbes Jahr alt war, zogen meine Eltern nach Sellin in der Neumark; dort wuchs ich auf. Ein Dorf mit 700 Einwohnern in der norddeutschen Ebene, großes Pfarrhaus, großer Garten, drei Stunden östlich der Oder. Das ist auch heute noch meine Heimat, obgleich ich niemanden mehr dort kenne, Kindheitserde, unendlich geliebtes Land. Dort wuchs ich mit den Dorfjungen auf, sprach platt (...) und wenn es nicht die Arbeiterjungen waren, waren es die Söhne des ostelbischen Adels, mit denen ich umging. Diese alten preußischen Familien (...) hier besaßen sie ihre Güter, und mein Vater hatte einen ungewöhnlichen seelsorgerischen Einfluß gerade in ihren Kreisen (...) Brandenburg blieb auch weiter meine Heimat. Das Gymnasium absolvierte ich in Frankfurt a. d. O., zum Glück ein humanistisches, studierte dann auf Wunsch meines Vaters Theologie und Philologie, zwei Jahre lang entgegen meiner Neigung; endlich konnte ich meinem Wunsch folgen und Medizin studieren. Es war das dadurch möglich, daß es mir gelang, auf die Kaiser-Wilhelm-Akademie für das militärärztliche Bildungswesen in Berlin aufgenommen zu werden (...) Eine vorzügliche Hochschule, alles verdanke ich ihr! Virchow, Helmholtz, Leyden, Behring waren aus ihr hervorgegangen, ihr Geist herrschte dort mehr als der militärische, und die Führung der Anstalt war mustergültig. Ohne den Vater stark zu belasten, wurden für uns alle die sehr teuren Kollegs und Kliniken belegt (...) Dazu bekamen wir eine Reihe von Vorträgen und

Vorlesungen über Philosophie und Kunst und allgemeine Fragen und die gesellschaftliche Bildung des alten Offizierkorps (...) Rückblickend scheint mir meine Existenz ohne diese Wendung zu Medizin und Biologie völlig undenkbar.« (*Lebensweg eines Intellektualisten* 1934)

1896-1903 Gymnasium in Frankfurt/Oder. Abitur am 28. 2. 1903. Freundschaft mit Klabund

1903-1904 Studium der Theologie und Philologie in Marburg und Berlin

1905-1910 Studium der Medizin an der Kaiser-Wilhelm-Akademie in Berlin. Dienstzeit beim 2. Garderegiment. Ostern 1908: Physikum. 1910: 1. Preis der medizinischen Fakultät der Universität Berlin für die Schrift »Ätiologie der Pubertätsepilepsie«

1910-1911 Unterarzt in der Charité

1912 Promotion am 28. 2. mit der Dissertation: »Über die Häufigkeit des Diabetes mellitus im Heer«. Zunächst aktiver Militärarzt. Abschied aus Gesundheitsgründen. Assistenzarzt am Krankenhaus Charlottenburg-Westend. Annähernd dreihundert Sektionen. Freundschaft mit Else Lasker-Schüler. *Morgue und andere Gedichte* (A. R. Meyer, Berlin)

1913 *Söhne. Neue Gedichte* (A. R. Meyer, Berlin)

1914 Als Schiffsarzt nach New York im März-Juni. Heirat der Schauspielerin Edith Osterloh. Militärarzt bei den Kämpfen in Belgien. Nach der Besetzung von Antwerpen Versetzung nach Brüssel:

»Ich war Arzt an einem Prostituiertenkrankenhaus, ein ganz isolierter Posten, lebte in einem konfiszierten Haus, elf Zimmer, allein mit meinem Burschen, hatte wenig Dienst, durfte in Zivil gehen, war mit nichts behaftet, hing an keinem, verstand die Sprache kaum; strich durch die Straßen, fremdes Volk; eigentümlicher Frühling, drei Monate ganz ohne Vergleich« (*Epilog,* 1921)

1915	Geburt der Tochter Nele
1916	*Gehirne. Novellen* (Kurt Wolff, Leipzig)
1917	*Fleisch. Gesammelte Lyrik* (Verlag Die Aktion, Berlin) 10. November: Benn läßt sich als Facharzt für Haut- und Geschlechtskrankheiten in der Belle-Alliance-Str. 12 nieder und führt die Praxis hier bis 1935
1922	November: Tod seiner Frau Edith. Bekanntschaft mit Ellen Overgaard, die die Tochter Nele in ihr Haus in Kopenhagen aufnimmt. *Gesammelte Schriften* (Erich Reiss, Berlin)
1924-1925	*Schutt, Betäubung, Spaltung. Neue Gedichte* (A. R. Meyer, Berlin)
1928	Mitglied des Berliner PEN-Clubs
1931	21. November: Uraufführung des Oratoriums *Das Unaufhörliche* (Text von Benn, Musik von Paul Hindemith)
1932	Mitglied der Preußischen Akademie der Künste
1933-1934	Benns Schriften zur Unterstützung des »Neuen Staates«: *Der neue Staat und die Intellektuellen* und *Kunst und Macht* (Deutsche Verlagsanstalt, Stuttgart)
1935	Aufgabe der Praxis; Reaktivierung als Oberstabsarzt in Hannover
1936	*Ausgewählte Gedichte 1911-1936* (DVA, Stuttgart); zweite, »gereinigte« Ausgabe, wahrscheinlich November oder Dezember
1937	Versetzung nach Berlin. Als Versorgungsarzt im Oberkommando der Wehrmacht, Gutachter in Fürsorge- und Rentenfragen
1938	22. Januar. Heirat mit Herta von Wedemeyer. Ausschluß aus der Reichsschrifttumskammer und Schreibverbot

1943-45	Verlegung der Wehrdienststelle, in der Benn zuletzt als Oberstarzt tätig war, nach Landsberg a. d. Warthe
1945	Flucht nach Berlin, Wiederaufnahme der Praxis. 2. Juli: Benns Frau nimmt sich in Neuhaus an der Elbe das Leben
1946	18. Dezember. Heirat mit Dr. Ilse Kaul
1948	*Statische Gedichte* (Arche Verlag, Zürich), *Drei alte Männer* (Limes Verlag, Wiesbaden)
1949	Das Benn-Jahr: *Der Ptolemäer* (Februar); *Statische Gedichte* (März); *Ausdruckswelt* (Juni); *Trunkene Flut* (Oktober)
1951	21. Oktober. Verleihung des Büchner-Preises
1956	7. Juli. Tod in Berlin

Bildnachweis

S. 2: Bildarchiv Preußischer Kulturbesitz Berlin (Foto von Fritz Eschen). S. 8: Carl Werckshagen. S. 11, 95: Fritz Werner. S. 60, 68, 71, 116, 118, 119, 133, 142: Archiv Joachim Dyck. S. 65: R. Lissner. S. 66, 73, 145, 147: Ullstein Bilderdienst Berlin. S. 78, 81, 93, 144: Schiller-Nationalmuseum/Deutsches Literaturarchiv Marbach. S. 81: Erich von Salomon. S. 84, 94: Süddeutscher Bilderdienst München. S. 103, 109: Historisches Museum am Hohen Ufer, Hannover. S. 111: Ilse Benn. S. 114, 118: Friedrich-Carl Focke. S. 129: Erhard Hürsch. S. 140: Limes-Verlag.

JOACHIM DYCK wurde 1935 in Hannover-Linden geboren, studierte von 1955–1965 Germanistik und vor allem Romanistik in Göttingen, Toulouse, Münster, Kiel und Freiburg/Br., wo er mit einer Arbeit zur Poetik des Barock promovierte und 1969 habilitiert wurde (»Athen und Jerusalem. Bibel und Poesie in der Tradition ihrer argumentativen Verknüpfung«). Associate Professor an der University of Washington, Seattle, Washington, 1969/70, Max Kade Visiting Distinguished Professor of German, University of Michigan, Ann Arbor 1975, Gastprofessor am German Department der Ohio State University, Columbus, Ohio 1984. Professor für Neuere deutsche Literaturgeschichte in Freiburg/Br. 1970–1980, 1981 Ruf auf den Lehrstuhl für Literaturtheorie an der Universität Oldenburg. Ein Hauptinteressengebiet ist die Rhetorik und ihre Geschichte von der Antike bis heute, ein anderes die deutsche Literatur der Aufklärung, und besonders Christian Thomasius, Karl Philipp Moritz und der Freiherr von Knigge.

Wissenschaftliche Arbeiten zu Goethe, Fontane, Brecht. Bei Wagenbach erschien sein historisch-soziologisches Dossier zu Lessings »Minna von Barnhelm« (WAB 72), außerdem segelt er ab und zu im »Freibeuter« mit (Traurige Siege des Bürgers, Nr. 15, 1983; Die Friedensbewegung beim Wort genommen, Nr. 19, 1984). Lebt in Bremen und in Forcalquier (heute Provence), schätzt manche Erkenntnisse der Psychoanalyse und liebt Gottfried Benn, besonders den späten.